岩波科学ライブラリー 211

勉強法の科学

心理学から学習を探る

市川伸一

岩波書店

はじめに

本書では、「勉強のしかた」の基礎になるような心理学の理論や知見を解説します。知識や技能の獲得は、一般に「学習」と呼ばれていますが、とりわけ学校で行う国語や算数・数学などの教科学習に直接関わってくるのが、私の研究する「認知心理学」という分野です。本書は、皆さんが自分の勉強のしかたを見直すきっかけとなることでしょう。

本文に入る前に、次ページからつづく文章を読んでみてください。これは、私が小学校の教科書に書いたものですが、本書でこれから解説していきたいことの出発点がありますので、序章代わりに引用します。本書のメインメッセージがここにあると思って読んでみてください。

＊　＊　＊

覚えること、伝えること、分かること

わたしたち人間は、いったいどれくらいものを覚えることができるのだろうか。

初めに、簡単な実験をしてみよう。先生に、数字をでたらめな順序で、三個、ゆっくりと読み上げてもらう。「5、3、9」。終わったところで、君たちはすぐにノートにそれを書き出す。三個ぐらいなら、易しい。では、次は四個に挑戦だ。「6、1、7、2」。少し難しくなる。こうして、五個、六個、七個と個数を増やしていくと、やがてできなくなってしまう。

下のグラフは、大人にこの実験をしたときのデータをまとめたものである。これを見ると、数字が七個になると、約半数の人しかできていないことが分かる。一度聞いただけで覚えることができるのは、数字七個か八個ほどなのだ。これは、大人でも、十歳ぐらいの子供でも、ほとんど同じである。

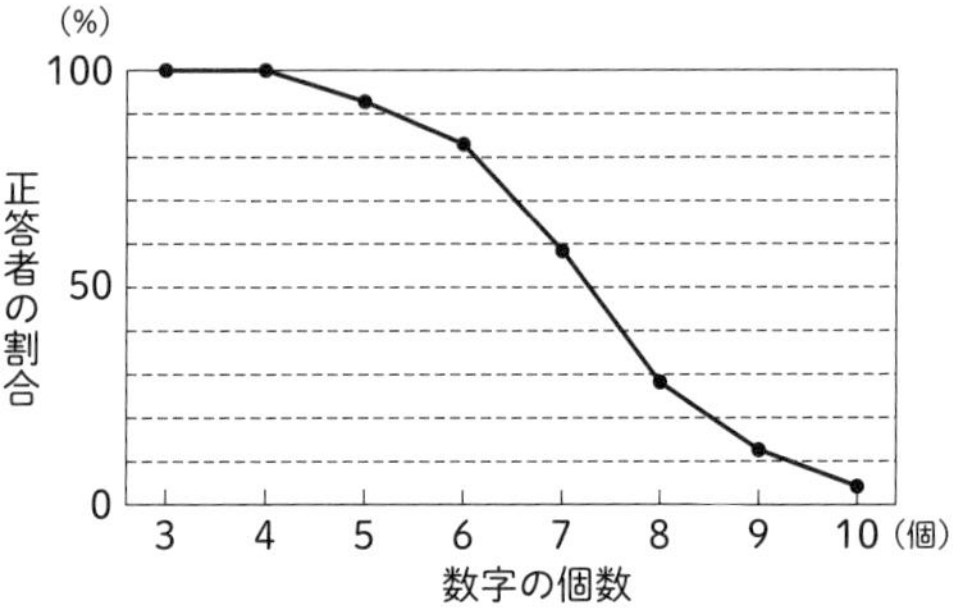

君たちは、人間が覚えることのできる量は、意外と少ないものだと思ったかもしれない。ところが、一方では、わたしたちは、たくさんのことを覚えている。テレビで見たことも、本で読んだことも、学校で習ったことも。すでに山のようにたくさんの事がらを覚えている。それはなぜなのだろう。

それを考えるのに、ためしに、次のような数字の列を覚えてみよう。

１４９１６２５３６４９６４８１

何回もくり返して覚えこむのも、確かに一つのやり方だ。しかし、よく見ると、何か規則があることが見えてこないだろうか。実は、この数字の列は、１×１＝１の「１」、２×２＝４の「４」、……というように、９×９までの答えをつなげたものになっている。かけ算の知識を使って、そのことが分かった人は、簡単に覚えられるし、まず忘れない。ここで大切なことは、一見ばらばらのものに、なんらかの関係を見いだせば、覚えやすくなるということである。

では、次のような文をたくさん覚えるように言われたら、君たちならどうするだろう。

・兄は、足が痛いと言っている。
・弟は、歯が痛いと言っている。

……

・父は、うでが痛いと言っている。

ただくり返し覚えこんでも、少し時間がたてばあいまいになり、混乱してしまうのではないだろうか。ところが、「なぜ、そのようになったのか」という理由を付け加えれば、たちどころに覚えやすくなるのだ。

・兄は、（サッカーをやりすぎたので）足が痛いと言っている。

・弟は、（チョコレートを食べすぎたので）歯が痛いと言っている。

……

・父は、（重い荷物を持ったので）うでが痛いと言っている。

どうだろう。これなら、なかなか忘れそうにない。

　このように、物事の間の関係が分かれば、わたしたちは、実によく覚えることができる。ただし、それが分かるためには、知識が必要なことに注意してほしい。兄の例でいえば、「サッカーは、少年に人気のあるスポーツであること」「サッカーをするときは、たくさん走ること」「走りすぎると、足が痛くなること」などを知らなかったら、せっかくのヒントも役に立たない。

　テレビのニュースを見たり、新聞記事を読んだりした後、大人はその内容を覚えているのに、君たちは思い出せないということがあるはずだ。初めの実験で見たように、丸暗記する力は、大人と子供でほとんど変わらない。ちがいは、もっている知識にある。知識があれば、言葉の意味が分かる。物事の間の関係がつく。それによって、覚えることのできる量がちがってくるのである。

　これまで、「覚える」というときには、知識を使って理解することが大切であると述べてきた。実は、このことは、受け取った情報を人に「伝える」という場合にも当てはまる。

　君たちは、話を伝えたり、絵を伝えたりする伝言ゲームという遊びをしたことがあるだろうか。できるだけ正確に伝えるつもりでやっていても、伝わっていくとちゅうでどんどん内容が変わっていくことがある。わたしたちの日常生活の中でも、人から人へと伝わるうちに、話の内容が変わるということは、よく起こる。それは、受け手が、内容の一部を忘れてしまったり、分かったつもりでもっともらしい話を作ってしまったり、初めにはなかった事がらを補足してしまったりするからである。そして、それを今度は、送り手となって、ほかの人に伝えてしまうのである。

　うわさや言い伝えとよばれるものの中には、よく分かっている人から見ると、実におかしなものがある。社会の中で、大きな問題となった実例を挙げよう。太陽の周りを七十六年かけて回っているハレーすい星が、一九一〇年に地球に大接近したときのことだ。その前の年に、ある天文学者が、すい星の長い尾の中に地球が入るという予言をした。

それが伝わるうちに、地球に有毒ガスが流れこんでくるといううわさが生まれた。一部の人たちは、おけに水を張り、息を長く止める訓練をしたという。また、密閉された地下室に避難する準備をするなど、大変なさわぎになった所もあるらしい。ところが、実際には、ハレーすい星の尾は、地球の大気よりはるかにはるかにうすいガスでできている。その中に地球が入っても、地球に住む生物にはなんの影響もないのである。

　人から人へと情報を伝えることを「コミュニケーション」という。そのとき、情報の送り手は、相手が分かってくれるはずだと思って、伝えたいことを簡単に表現してしまうことがよくある。情報の受け手のほうは、自分の知識を使ってそれを理解し、そしてまた、それを人に伝えることになる。だから、受け手が知識をもっていなかったり、使う知識がちがっていたりすれば、送り手が伝えたかったことは正確に伝わらない。

　覚えることでも、伝えることでも、大切なのは、もっている知識を利用して「分かる」ということだ。自分でも気がつかないうちに、心の働きは多くの知識によって支えられているのである。

（光村図書、平成12年度版検定教科書『国語六上　創造』より）

目 次

イラスト＝いずもり・よう

1 どうすればよく覚えられるか

一度に思い浮かべられる量を測る――メモリースパン

人間は生まれてから、実にたくさんの経験や知識を記憶しています。心理学では、人間の記憶というのは、**短期記憶**（short-term memory）と呼ばれているものと**長期記憶**（long-term memory）と呼ばれているものと、この二つのしくみが頭の中にあるということが言われてきました。短期記憶というのは、簡単に言ってしまえば、いま頭の中に意識としてあることだと思ってください。頭の中で皆さんが何かを考えていますね。あるいは人の話を聞いているとき、いまどんなことを言ったかが、一時的に意識の中に残っている、これが短期記憶です。それに対して、一度意識から消えてしまっても、またあとから思い出すことができる記憶が長期記憶です。私たちがたくさんのことを覚えているというのは、この長期記憶のほうの話です。

短期記憶、つまり人間が一度に意識していられることというのは、あまり多くありません。

皆さんも、たとえばいっぺんに二つのことを考えるのは、かなり難しいでしょう。電話番号を電話帳で調べて、すぐに電話をかけて、そのあと少し話をしていると、ついさっき押したばかりの番号を、きれいに忘れているという経験があると思います。最初に電話番号を覚えたとき、それは短期記憶の中に入っていただけなのです。人間の短期記憶には容量の限界があります。そして、少したつとすぐに忘れてしまいます。

人間の短期記憶にはどれくらいのことがらが入るのでしょうか、どれくらいの量の内容を思い浮かべられるのでしょうか。この限界を**メモリースパン**（直後記憶の範囲）といいます。「メモリー」とは記憶のことで、「スパン」とはもともとは、手の親指の先から小指の先までの長さのことです。要するに、最大限の範囲ということです。人間の短期記憶の中に目一杯入るのはどれくらいかがメモリースパンということになりますね。「はじめに」で紹介した、読み上げられた数字を記憶する実験は、実はイギリスの心理学者ジェイコブズ（J. Jacobs）が、１８８７年という心理学の黎明期に考案したものです。

メモリースパンには、個人差がありますが、だいたい7個前後で、すごく安定した値です。安定した値というのは、条件が変わっても、あまり変化しないという意味です。たとえば、速く読み上げられた場合と遅く読み上げられた場合とでは、メモリースパンが変わると思いますか。速く読み上げられたほうが成績がよいだろうという人がいるでしょう。それは、速く読み上げてもらったほうが、数字を忘れないと思うのでしょう。一方、遅く読み上げられ

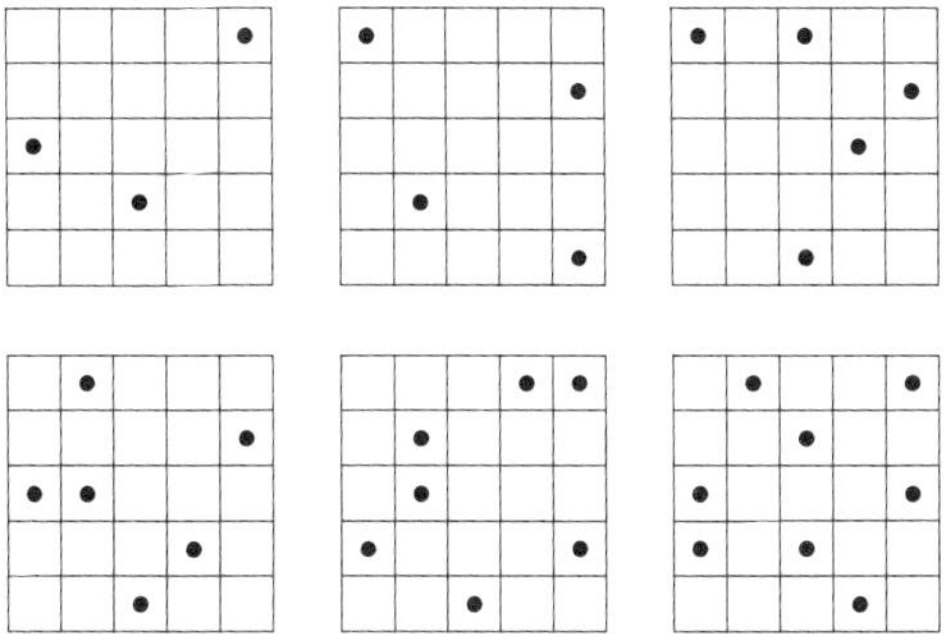

図1-1　パターンを使った短期記憶の実験

たほうが、成績がよいと考える人もいるでしょう。その人は、遅く読み上げてもらえば、頭の中で何回も反芻することができますから、たくさん覚えることができると思うのでしょう。

　実際に、この数十年のあいだにいろいろな人がこの実験を行って、速いほうがちょっとだけ成績がよいという結論を出した人も、遅いほうがちょっとよいという結論を出した人もいます。しかし、いくつ覚えられたかという値は1割も変わらないのです。数字を1秒に1個読み上げられても、3秒に1個読み上げられても、ほとんど変わらないということです。短期記憶には、こういうおもしろい性質があります。自分でも試してみるとよいでしょう。

　いまは数字を使ったわけですが、もう一つ、視覚的なパターンを使った実験もあります。パターンを使うとはどういうことかは、図1－1を見てください。マス目があって、その中に点が入っているパターンがあります。

実は、私は若いころ、こういうパターンの記憶の測定のしかたを一生懸命考案していたのです。このような図形的なものだったら、どれくらいまで覚えられるかという研究です。点の数を、だんだんと増やしていくと、むずかしくなってきますね。点がいくつくらいまでなら図形全体を覚えられるでしょうか。

図１－１のような図形を２～３秒見せて、消えたあとにその図形を再現してもらいます。点がいくつの図形だったら、完全に覚えられるかということです。これをパッと見ると、私たちは頭の中にイメージとして覚えますね。どれくらい複雑なイメージまでを、一度に心の中にとどめておくことができるでしょうか。実験してみると、点が六つくらいの図形を覚えるのが精一杯です。

「くり返し」の効果と限界——記憶の貯蔵庫モデル

こうしてみてくると、私たちが一目で見たり、一度聞いたりして覚えられることは、非常に少ないと思いませんか。人間の短期記憶は、ずいぶん小さなものということになります。私たちは、生まれてからたくさんのことを頭の中に記憶しています。それは長期記憶という、もう一つの記憶のしくみによると考えられています。理論を簡単な図式で表したものを科学ではよく「モデル」と言いますが、図１－２に**貯蔵庫モデル**という、認知心理学の初期、つまり１９６０年代ごろに考えられたモデルを示します。これは、頭の中にいくつかの貯蔵庫

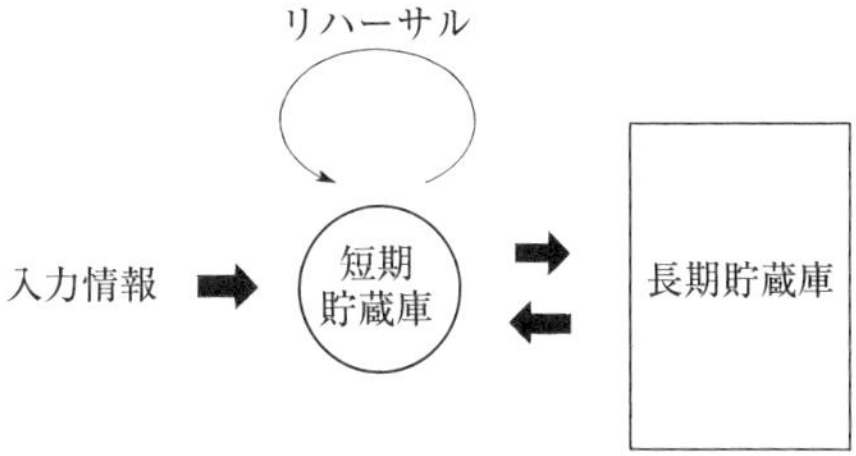

図 1-2　認知心理学の初期に考えられた
記憶の貯蔵庫モデル

があると仮定して、短期記憶と長期記憶という現象を説明しようとするものです。

外から情報が入ってくると、まず**短期貯蔵庫**に入ります。短期貯蔵庫は容量が小さく、ここに入ったことは、忘れてしまうという性質があります。忘れないようにするためには、頭の中で何べんもくり返す必要があります。つまり心の中の声として何べんもくり返すのです。これを**リハーサル**といいます。イメージの場合だったら、いま見たものを一生懸命思い浮かべておくことが、リハーサルになります。リハーサルしているうちは忘れません。ところがリハーサルをしないと忘れてしまうというのが短期記憶の特徴です。電話をかけるまでの間、電話番号を覚えておきますが、そのあと電話で話をしていると、リハーサルができなくて、電話番号は忘れてしまうのです。

人間は短期貯蔵庫しかなかったらたいへんです。いつでも頭の中でくり返していないと忘れてしまうのでは困りますよね。しかし一方では、人間は**長期貯蔵庫**というメカニズムももっています。長期貯蔵庫は容量がすごく大きく、無限といってもよいほどの容量をもっています。ところが、情報がいきなり長期貯蔵庫に入るわけではありません。では、どうしたら長期貯蔵庫に入るのでしょう。

皆さんは、「よく覚えてください」といわれたらどうしますか。一つの方法は、何回も反復することでしょう。つまり、リハーサルをある程度以上行うことで、情報を長期記憶に入れることができるのです。反復して覚えるというのは、人間に限らず、かなり広い範囲の動物にも見られる記憶のしくみです。動物に芸を仕込むときは、まさにリハーサルを何回も行っているのです。

何回も何回もくり返す、くり返していれば、そのうちリハーサルを中断しても思い出せるようになります。リハーサルは、短期貯蔵庫に情報をとどめておくだけでなく、長期貯蔵庫にそれを送り込むというはたらきももっているわけです。そして、しばらくたったあとでも、必要なときに、またその情報を長期貯蔵庫から短期貯蔵庫に戻すことができる。これが**想起**（思い出す）という現象にあたります。私たちが、自分の家の電話番号を覚えているのは、短期記憶でずっとリハーサルしているからではなく、すでに長期貯蔵庫に入っているからと考えられます。家族や友だちの顔を思い出せるのも同様で、すでにしっかりと長期貯蔵庫に入っているのです。

ここで私が昔行った実験の結果を見てほしいのですが、少し復習をしながら説明しましょう。図1-3のグラフを見てください。たとえば数字列でメモリースパンの測定をするとき、

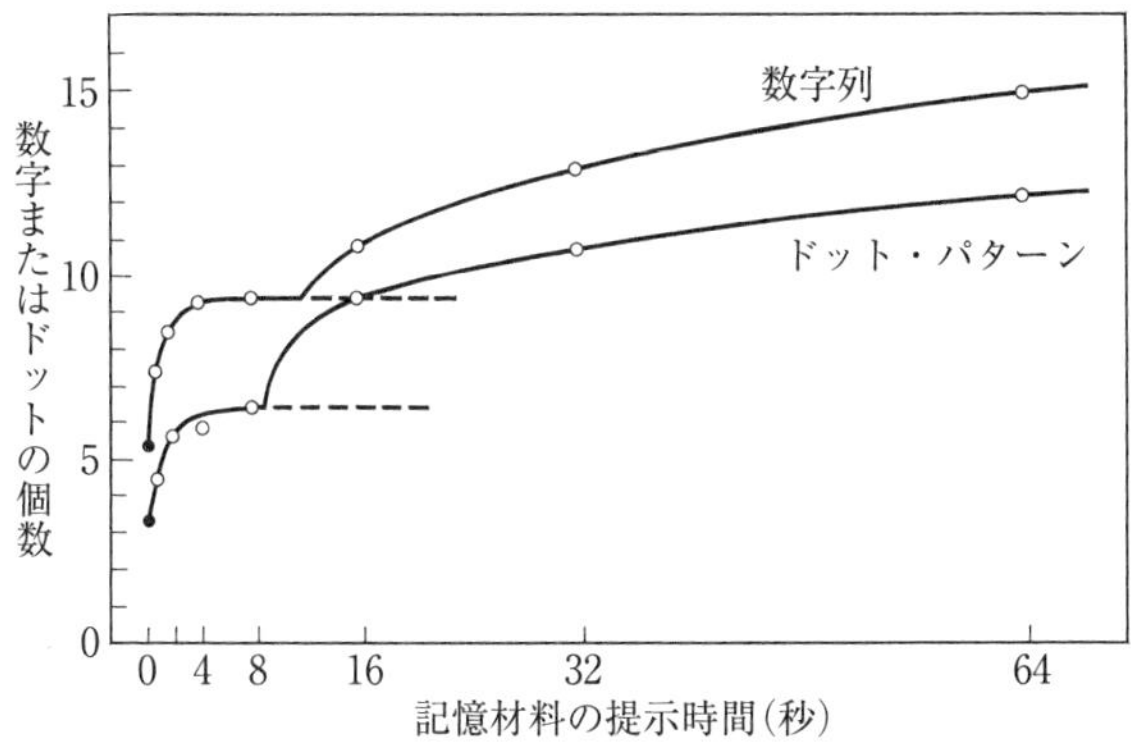

図 1–3　提示する時間を変えたときの記憶範囲の変化

数字列をパッと見せて、いくつくらいまでだったら覚えられるかを調べます。数字を一つずつ読み上げるのではなく、紙にたとえば四つの数字を書いておいて、それを見せたあとに再現させてもかまいません。見せる時間をだんだん長くしていったら、いくつまで覚えられるようになるか、その結果が「数字列」と示した曲線です。ふつうは長く見せられればたくさん覚えられるようになるだろうと思いますよね。

　提示時間0・1秒(図中の黒丸)というのが一番短いときで、0・1秒見せたということです。0・1秒だけ見て覚えられる数字の限界は、せいぜい5個程度です。あっという間に消えてしまいますから、覚えきれないというよりは、読みきれないという感じです。提示時間をもっと長くすると、覚えられる個数が増えてきます。図1－3は、8人の大学生の実験参加者の平均値ですが、みんながんばって、けっこう成績はよいです。小さな実験室で、1人ずつにこの実験をすると、集中しているためか、2秒から4秒くらいの提示時間でだいたい9個くらい覚えられます。しかし、それ以上提示時間を長くしても、いったん頭打ちのようなことが起こります。10秒くらい見せても、せいぜい9個が精一杯で、これが短期記憶の限界です。10秒あれば、3度、4度とくり返し読むこともできますが、結局、頭に入りきれないのです。

ところが、提示時間がもっと長くなると、成績は少しずつ伸びていきます。提示時間は最長64秒です。提示時間約1分なら15個くらい覚えられるのです。おもしろいのは、提示時間10秒あたりにグラフのくびれのようなものができることです。破線で示すように、ここで頭打ちになるかなと思うのですが、ここから先もがんばって覚えようとしていると、なんとか頭に入るようになります。これは頭の中で何回もリハーサルしているからです。ある程度以上のリハーサルをくり返すと、その効果が出てきて、人間はたくさんものが覚えられるようになるということです。64秒よりもっと長い提示時間を与えられれば、さらにたくさん覚えられるに違いありませんが、たいへん疲れる実験ですから、データをとったのは最長64秒までです。

図1-3の「ドット・パターン」というグラフのほうは、図1-1にあるような、マス目の中に点が入っているパターンを記憶する実験の結果です。「ドット」とは点のことです。いくつのドットが入った図形だったら完全に覚えられるか、という実験です。提示時間0・1

秒では、ドット3個くらいの図形を覚えるのが精一杯です。時間を長くしていくと、だいたい8秒くらいでいったん頭打ちになって、6個くらいが限度かと思わせます。ところが、さらに長く見せていると、まただんだん伸びていきます。これは、頭の中でしっかり覚えようとじっと見ていれば、1分も見ていると相当複雑な図形でも覚えられるようになる、ということです。これも、要するに、図形を記憶するときも、リハーサルをくり返せば確実に頭の中に入っていくということを示しています。

さて、ところがここで問題です。私たちが、たくさんのことを覚えておこうと思ったら、こうして単純にたくさんリハーサルするしかないのでしょうか。「はじめに」でも見たように、けっしてそれだけではないというのが、本書の大切なメッセージなのです。

大きなまとまりをつくる——チャンク化

短期記憶は項目七つ分くらいの実に少ない情報しかとどめておくことができません。ところが、私たちはいろいろな工夫によって、短期記憶に入る情報量を広げることができます。一種の記憶術のようなものですが、短期記憶の性質をうまく逆手に取って、たくさんものを覚えたという実験を紹介しましょう。これは、認知心理学者のミラー(G. A. Miller)が1956年に発表した有名な論文「マジカルナンバー7プラス・マイナス2」の中で紹介しています。

私たちの短期記憶の中にはだいたい七つくらいの項目しか入らないと言いましたが、では、その七つとは、いったいどういうふうに数えて七つか、ということが、この実験では問題になります。たとえば「ＤＯＧ」という一つの単語があります。これは一つでしょうか、それとも、アルファベット三つですから、三つと数えるべきでしょうか。それは、ＤＯＧという単語を知っているかどうかによります。もともとＤＯＧという単語をよく知っていてなじんでいる人にとっては、これは一つのものとして短期記憶の中に入ります。ところが、アルファベットは知っているけれども、この単語は見たことがないという人にとっては、Ｄ、Ｏ、Ｇとして覚えるしかありません。Ｄ、Ｏ、Ｇと覚えたら、これは三つだということになります。

どういうふうに数えるかということは、それを見る人による、つまり主観的なものです。ふだんからなじんでいてそれを一つのものと見るか、それぞれバラバラなものとしてとらえているかによるわけです。結局は、その人にとっての単位でだいたい七つのものが、短期記憶の中に入るということです。ここでいう、その人にとってのひとまとまりのものを、**チャンク**(chunk)といいます。いまのＤＯＧの例でいえば、ふだんからＤＯＧとして使っている人にとっては、これが一つのチャンクになります。

短期記憶に入るのは、チャンクにして約7個なのだというのが、ミラーの指摘したことです。これは、1円玉でも、10円玉でも、１００円玉でも、とにかく金額にかかわらず、コイ

表1-1 二進数列を再符号化する方法

二進数(ビット)		1 0 1 0 0 0 1 0 0 1 1 1 0 0 1 1 1 0								
2：1	チャンク	10	10	00	10	01	11	00	11	10
	再符号化	2	2	0	2	1	3	0	3	2
3：1	チャンク	101	000	100	111	001	110			
	再符号化	5	0	4	7	1	6			
4：1	チャンク	1010	0010	0111	0011	10				
	再符号化	10	2	7	3					
5：1	チャンク	10100	01001	11001	110					
	再符号化	20	9	25						

ン7枚が入ることになっている財布のようなものだというわけです。ですから、情報量の大きなまとまりをつくれば、全体としてはたくさんの情報を記憶することができることになります。

表1-1は「二進数列を再符号化する方法」です。一番上には、「101000100111001110」という数の並びがありますが、これを覚えなさいと言われたとします。皆さんだったらどうでしょうか。このまま覚えようとしたら、とても覚えられないですよね。「101000100111001110」は二進数です。そこでこれを二つずつまとめて、つまり、10、10、00、10、……というふうにまとめて、二進数を四進数に変えて覚えるという手があります。たとえば、10を四進数に直したら2となり、覚える数字の個数としては半分になります。

四進数の場合ですと、1の位に出てくる数字が0、1、2、3。ここまではいいのですが、3の次の4は、もうその桁には書けない。この桁はいっぱいになるので、次の桁を借りて

10と書く。これが四進数の場合だと4という大きさを表します。八進数の場合ですと、0、1、2、3、4、5、6、7と、7までは1の位に書けます。ところが8になると、もうこの桁には書けない。くり上がって10と書いて、これが8という大きさを表します。

表1-1で言いたいのは、10を見たらパッと2に変換できるような訓練をすると、メモリースパンが見かけ上広がるということです。10は2、10は2、00は0、10は2、というように、とっさに変換できるようになると、覚える数字の個数は半分に減りますね。これを、「2対1のチャンクに再符号化する」といいます。さらに効率のいい覚え方は、三つの数字をまとめて八進数にする、つまり3対1のチャンクに再符号化するということです。覚える数字の個数がたった六つになって、「５０４７１６」――これなら覚えられそうですね。そして答えるときに、もとの二進数に戻せばいいわけです。

さらに4対1、5対1というのがあります。訓練はたいへんですが、一度こうした訓練をしてしまうと、たくさんの二進数が出てきたときも、それを片っ端から覚えることができる、ということを、ミラーは実験で示しました。最終的には二進数が40個ぐらい出てきても、一度見ただけでパッと覚えられるようになるというのです。その様子は、紹介しているミラーも驚くべきものだったそうです。

これは一つの記憶術のようなものですが、私たちの短期記憶の中に入るのは、結局チャンクの個数だということを利用して、うまくたくさん覚えられるようにしているわけです。これは、特殊な訓練によってチャンク化した例ですが、いくつかのものをひとまとまりのものにするということだったら、習慣的に、私たちも生まれてからずっとやっています。言葉がそうですね。バラバラの音を組み合わせて単語というまとまりにしています。先のＤ、Ｏ、ＧをＤＯＧというまとまりにしているのがその例です。読み方も、「Ｄ、Ｏ、Ｇ」ではなく、単音節の“dog”です。それによって、短期記憶に入りやすく、長期記憶にも残りやすくなるのです。

意味を理解する——有意味化

私たちが長期記憶としてものを覚えようというときには、覚えようとしているものがどんな意味をもっているのか、ということが大事なはたらきをします。図１-４は図形を覚えてもらう実験の結果の一例です。カーマイケル（L. Carmichael）たちが１９３２年に発表した古典的な実験です。実験参加者に覚えてもらうのは、真ん中の列の図形（提示図形）です。あいまいな図形で、何の絵だかよくわからない。これを覚えてください、と言うわけです。ところが、こういうものを覚えるときには、私たちは、「いったいこれは何なんだろう」という意味づけ、つまり解釈をすると思います。そういうことをしないと人間はなかなか覚えにくいのです。

そこで、実験参加者のうち、あるグループの人たちには「これはびんです」と言って真ん

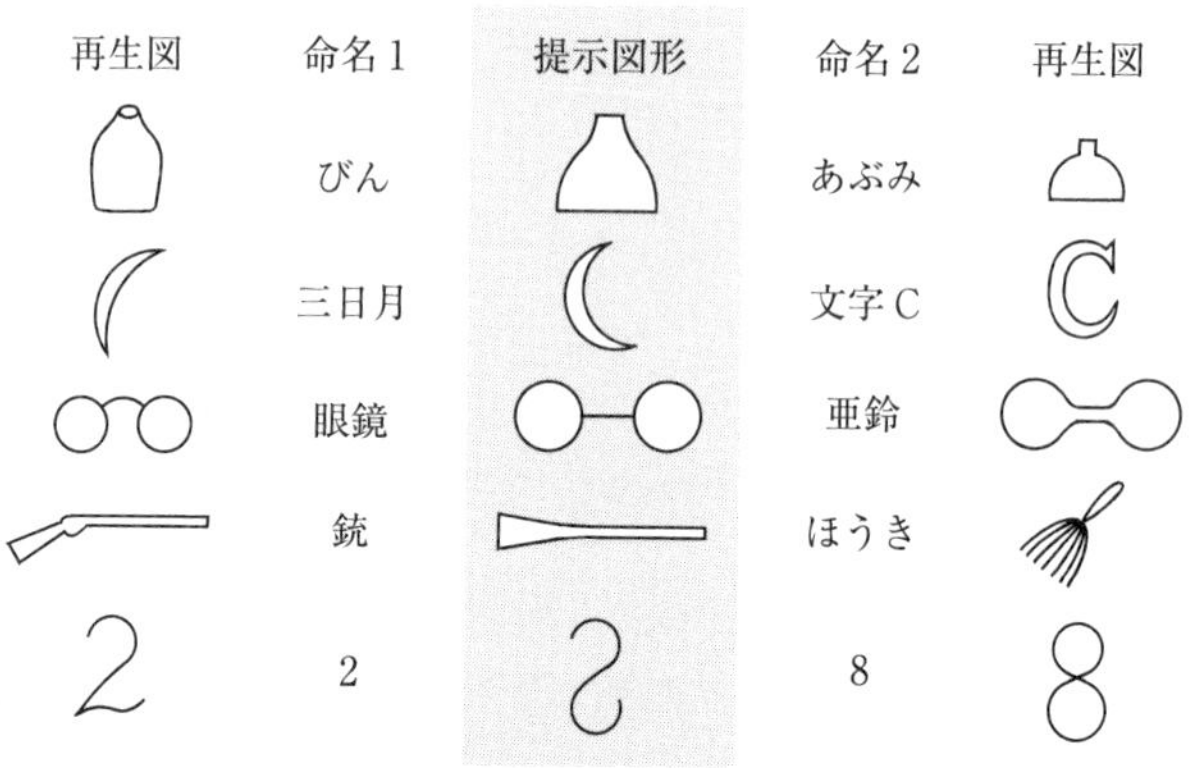

図1-4　あいまいな図形を再生するときの命名の影響

中の列の一番上の図を見せます。解釈を与えて見せるわけですね。すると、図形を思い出してくださいと言われたときに、びんとして覚えたので、思い出したときはいかにもびんらしい絵を描きました（左の列一番上、再生図）。もとの図形にはびんの口なんてなかったのですが、実験参加者が思い出して描いた図には口までついていますね。同じように、真ん中の列の上から二番目の図形を、「三日月です」と言って見せたグループで思い出したときには三日月っぽくなってきます。「文字のCです」と言って見せると、いかにもCのように再生してしまいます。

この実験からわかるのは、人間というのは、写真とかビデオで撮影するように、見えたものを丸ごとそのままの形で覚えるのではなくて、何らかの意味をそこに見とって覚えようとする傾向が強いということです。図1－5（a）の図を覚えるときには、「このまま覚えてください」というよりも、「電話ボ

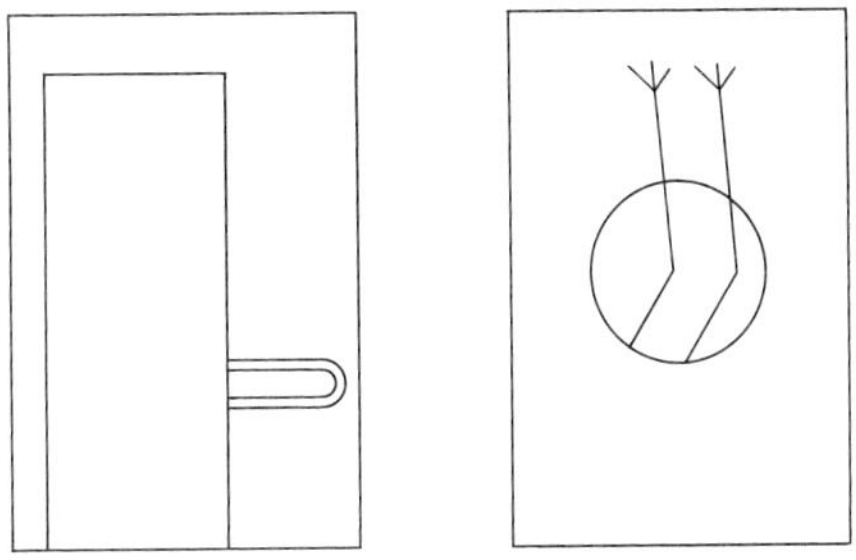

(a)　(b)

図1–5　あいまいな図形，このまま覚えられますか？

ックスの中で子どもがトロンボーンを演奏しているところ」という意味づけをすると、「なるほどな」と、よく再生されます。もう一方の図1－5(b)には、「非常に強い虫をつかまえた小鳥」という解説がついています。力の強い虫をつかまえたために、虫に引っ張られて、小鳥が「アレー」という感じで向こう側に引っ張られたというのです。そんな解釈をつけるだけで、ずっとよく覚えられます。

　貯蔵庫モデルでは、短期貯蔵庫内の情報を長期貯蔵庫に移すのに大切だと考えられていたのは、もっぱら「リハーサル」というくり返しの処理でした。1970年代になると、クレイクとロックハート(F. I. M. Craik & R. S. Lockhart, 1972)によって、**処理水準説**といわれる新しい考え方が提唱されます。私たちは、何か情報を与えられたときに、何らかの処理を行うわけですが、形態的処理、音韻的処理、意味的処理の順に、**処理水準**(levels of processing)が深くなっていき、より深い処理をしたときほど記憶に残りやすくなるというのです。

これを確かめる実験では、たとえば、単語のリストがあって、一つひとつの単語について、いろいろな質問に答えていきます。「携帯」という単語に対して、形態的処理に関する質問としては、「漢字ですか、カナですか」のようなものです。音韻的処理を要するのは、「ケーテイですか、ケータイですか」のような質問です。意味的処理となると、「次のどちらにあてはまりますか。店に○○を忘れた／店に○○を払った」のような質問です。この実験の参加者たちは、はじめ、「出てきた単語を覚えてください」とは言われていません。ただ、質問に答えるだけです。

ところが、全部の単語についての質問が終わったあとで、突然、「では、どんな単語が出てきたか思い出してください」と言われます。いったい、どういう処理をした単語がよく思い出されるかというと、一番成績がよいのが意味的処理、次に音韻的処理、最後が形態的処理をした単語だったということです。意図的に覚えようとしなくても、深い処理、すなわち意味的処理をすれば、自然に記憶に残っているということを、この実験結果は示しているのです。

関連をつかむ――構造化

何回もくり返しているうちにたくさんのことを覚えられるようになる、確かにこれは、人

(a)

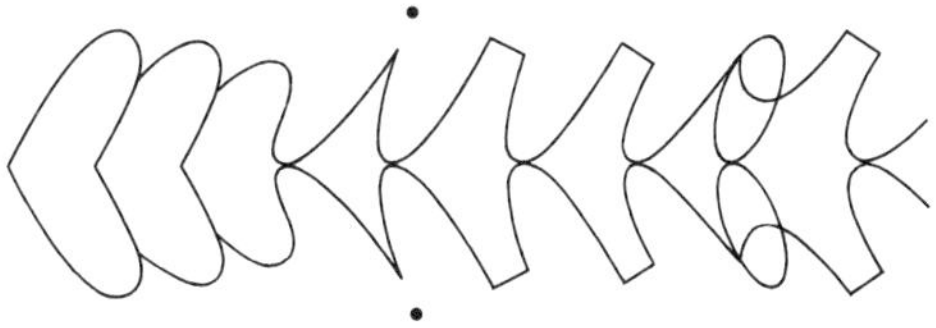

(b)　1 1 2 3 5 8 1 3 2 1 3 4 …

図 1-6　パッと見て覚えられますか？

間の記憶の一つの事実としてあります。ところが、ひたすらくり返すだけが能ではありません。人間の場合、ほかのメカニズムで、そんなに何回もくり返さなくても覚えられるやり方をもっています。それはどういうことかというと、「理解する」ということにほかなりません。意味づけを与えるということを先ほど述べましたが、もう一つ大事なのは、情報を関連づけるための構造やルールを見いだすということです。すると、一見覚えにくそうなことも覚えられます。

　その例ですが、図1－6(a)をパッと見て覚えてくださいと言われたとしましょう。目の前から消して、いまの図を思い出して描いてください、と言われたとします。むずかしいですよね。図1－6(b)は数字列。これを全部覚えてください、と言われたとします。やっぱりすぐには覚えられないですね。ところが、ある構造なりルールなりが、この中にあると言われて、それが発見できた人にとっては、覚えるのは簡単です。

　図1－6(a)は上下対称です。そこで、下半分を隠して見てください。**mirror** という字が筆記体で書かれているのです。

それを折り返して対称な図形にしただけです。そういうことが一度わかってしまえば、楽に覚えられます。

一方、図1-6(b)の数列は、「フィボナッチ数列」と呼ばれているものです。数を区切らずにつなげて書いてあるので、気づきにくいかもしれませんが、あるとき、小学生に「どうなっているか考えてごらん」と言ったとき、十何人かのうち1人だけ「わかった！」という子がいました。1と1を足すと2、1と2を足すと3、2と3を足すと5、3と5を足すと8になる。5と8を足すと13、8と13を足して21、13と21を足して34。きまりがわかれば、思い出して簡単に書けます。これが、構造やルールがわかれば簡単に長期記憶になるということについての一つのデモンストレーションです。

ただ、そのときに大事なのは、構造とかルールがわかるということは、だれにでもできるわけではなくて、知識を使わないとできないということです。たとえば図1-6(a)の上半分が**mirror**となっているといいましたが、筆記体のアルファベットを知らない人にはわからない。**mirror**という単語を知らなかったら、m、i、r、r、o、rと覚えるのはけっこうたいへんです。**mirror**を知識として知っているから楽に覚えることができるのです。図1-6(b)のフィボナッチ数列も、足し算の知識を使っているわけです。簡単なことですが、3歳とか4歳の、数字は読めても足し算は知らない子どもに「足し算になってるんだよ」と教えても、覚えることはできません。

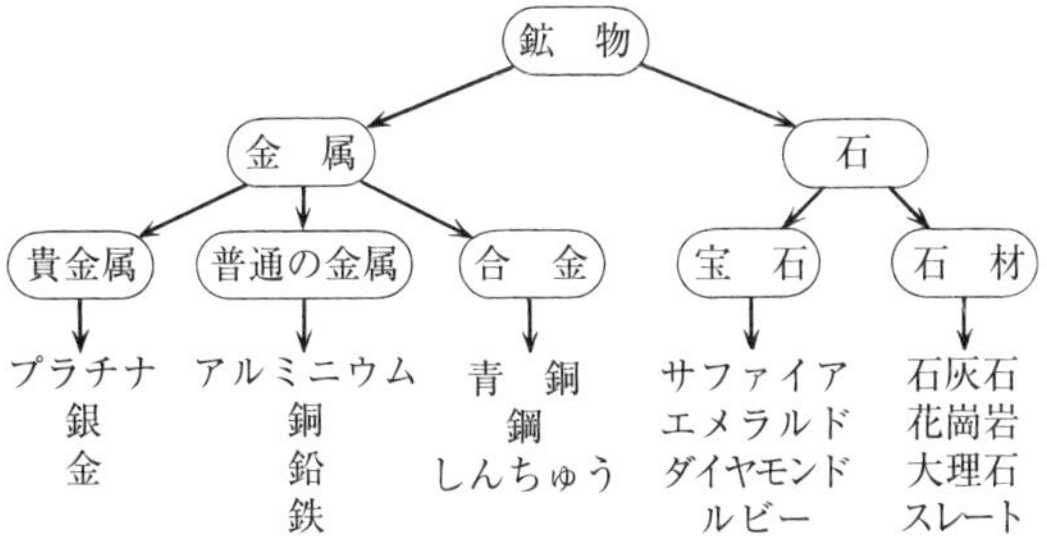

図1-7　鉱物の階層構造

私たちは、すでにもっている知識を使って構造を見いだしていきます。ここが大事なところです。これからの話の出発点でもあります。私たちが長期記憶の中に、たとえば文章の内容を知識として入れてくる、あるいは見た映像を知識として入れてくるというときには、必ずすでにもっている知識をうまく使っているということです。逆に知識がないと、構造が見えてこないし、長く覚えることもできないということなのです。

バラバラの知識を**構造化**して覚えやすくするという例をもう少し見てみましょう。図1-7には鉱物の名前がいっぱい出ています。これは心理学者のバウアー(G. H. Bower)たちが行った実験ですが、一つのグループには下に出てきた「プラチナ」「アルミニウム」「銅」「しんちゅう」という鉱物のリストを「そのまま覚えてください」といって与えます。すると、これだけたくさんはとても覚えきれません。一方、別のグループには、図の上にあるような情報を与えてやるのです。つまり、鉱物は金属と石に分かれています。金属は貴金属、普通の金属、合金に分かれ、石は宝石と石材に分かれています。こういう情報を与えると、さらに多くの情報を与えられたのだから、それだけ覚えるのはたいへんだと思うかもしれません。ところがそうではないのです。むしろこのような全体の構造がわかるような情報を与えられたほうが、鉱物名をよく覚えられることが、実験で確かめられています。

■勉強法に生かすには――丸暗記より理解する学びへ

私たちは日常生活でものを覚えようとするとき、普通、まったくの丸暗記はしていないでしょう。だいたいにおいて、文章なり映像なりを見たときに、そこから意味を抽出したり、何か構造を与えたりして長期記憶の中に入れようとします。また、そのほうが長期記憶の中にしっかり入るということです。

勉強をしていると、覚えなくてはいけないことがたくさんあります。そのときにどんな意味や構造をそこに見いだすかが大事です。自分なりの意味や構造をつくって覚えると、記憶は全然違ってくるのです。ところが、学校の勉強となったとたんに、丸暗記に頼りがちになる生徒がたくさんいます。これは、生徒によって相当違うということが、私たちの調査ではわかっています。

数学の問題を解くのでも、歴史の事実を覚えるのでも、英単語を記憶するのでも、「とにかく丸暗記してしまえ」というタイプの人もいれば、「いったいどんな意味があるのか」「どんなふうに物事と物事が関連しているのか」ということをつかんでから覚えようとする人もいます。

ただ、ここでは大切なことを補足しておきます。まず、発達による違いということです。一般に、7〜8歳くらいまでの子どもたちは、機械的に反復して覚えるということを、あまりいやがらずにやるものです。この時期までの丸暗記の能力はすばらしいものがあります。ところが、10歳ごろから意味や構造を理解することへの欲求がしだいに強くなってきます。また、小学校高学年、中学校、高校と進むにつれて、学校ではたくさんの難しい内容を習うようになります。

この時期に、小学校のころのような反復、丸暗記だけに頼った学習をしていると、不適応が起こりやすくなります。学習方法をうまく切り替えていく必要が出てくるわけです。もちろん、すべての内容をいっぺんに理解することは難しいですから、「とりあえず覚えておく」ということもあってよいのです。しかし、はじめから「どうせわからないから丸暗記でいい」というのと、「できればわかりたい」と思って先生や友人に、「どういう意味なの？」「なぜこうなるの？」と聞いてみる学習とでは、記憶に残るものが大きく違ってくることが、本章の実験例などからもわかってもらえたのではないでしょうか。

具体的に、社会科での学習の例をあげましょう。西林克彦さんという認知心理学者の本に出ているとてもいい例です。社会科でも覚えることはいっぱいありますね。たとえばアメリカの地理を勉強していて、「アメリカ・インディアンはどんな家に住んでいるか」ということを学習しているとします。北西海岸に住んでいるインディアンは、杉の板材でつくった斜め屋根の家に住んでいます。カリフォルニアのインディアンは日干しレンガでつくった家に住んでいます。平原に住んでいるインディアンは、「ティーピー」と呼ばれるテントに住んでいます。これを覚えてくださいと言われたら、けっこうたいへんです。しかも、すぐ忘れそうです。

　そういう場合、これもすでにもっている知識を使って、ちゃんと理由をつけて覚えるといいのです。私たちは一般的に、次のような知識をもっています。たとえば、「住居は手近な材料でつくられるということ」や、「住居は気候とか生活様式に左右されるということ」です。日本であれば木と紙でできた家が多く、これは手近にそういう材料があるということでしょう。湿気が多いですから、それに応じた家、たとえば床が少し高かったり、床に畳がしいてあったりと、気候や生活様式に左右されるということです。こういう知識を一般的にもっています。ところが、これだけではだめで、こういう一般的な知識を使って、さきほどの事実とどういうふうに結びつけるかが大切です。結びつけるための**接続的知識**がそこに入ってきます(図1－8)。

　アメリカの北西海岸というのはどんなところかというと、降水量が多い。たとえば、シアトルという都市のあたりはよく雨が降るといわれていて、大きな木が育ちます。冬は寒い。家に関する一般的なルールからいうと、大きな木が必要です。そこで、杉の板でつくった斜

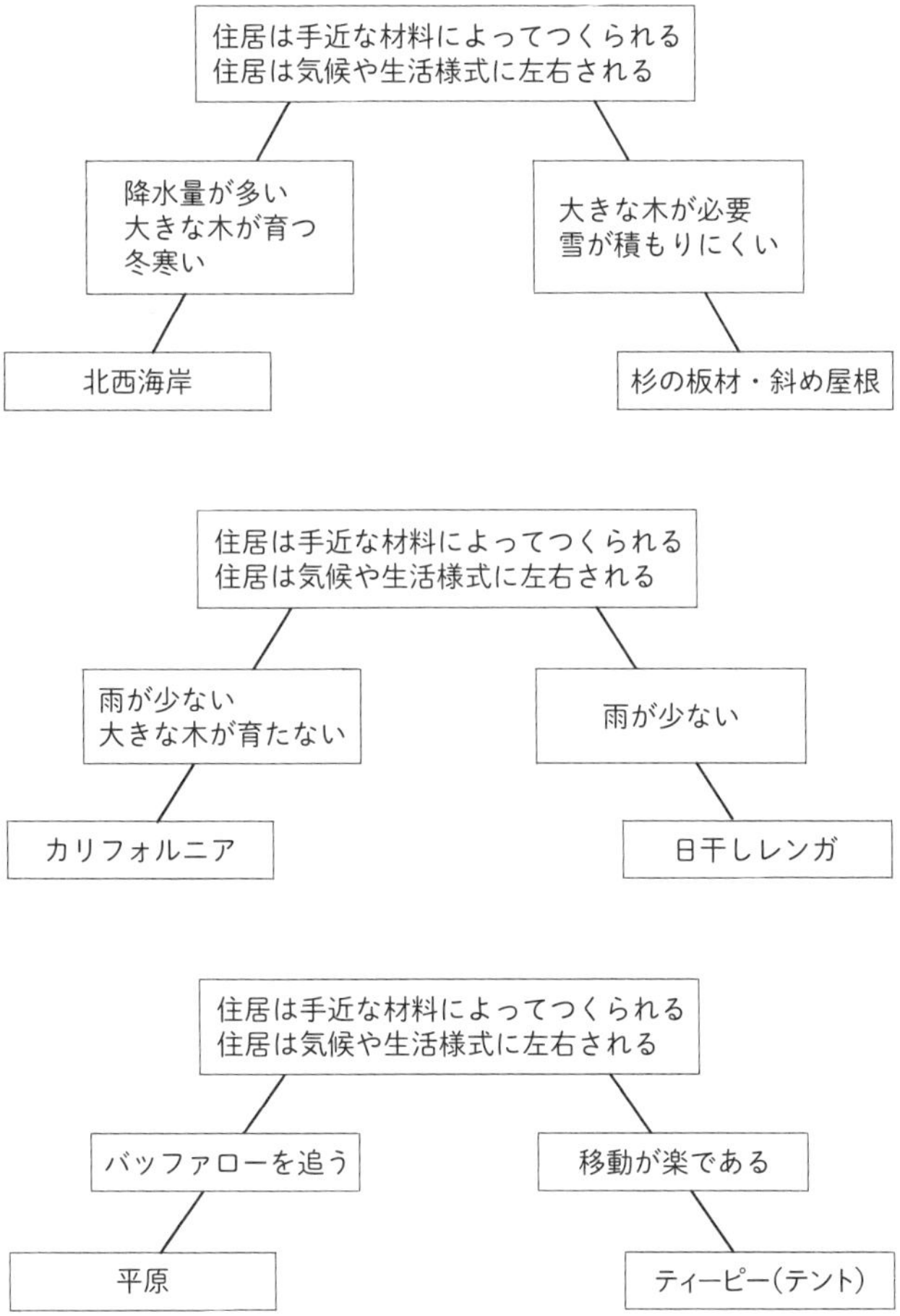
住居は手近な材料によってつくられる
住居は気候や生活様式に左右される
降水量が多い
大きな木が育つ
冬寒い
大きな木が必要
雪が積もりにくい
北西海岸
杉の板材・斜め屋根
住居は手近な材料によってつくられる
住居は気候や生活様式に左右される
雨が少ない
大きな木が育たない
雨が少ない
カリフォルニア
日干しレンガ
住居は手近な材料によってつくられる
住居は気候や生活様式に左右される
バッファローを追う
移動が楽である
平原
ティーピー(テント)

図 1-8　住居についてのつながりのある知識

め屋根の家にすれば、材料がたくさん手に入りますし、屋根が斜めだから、冬でも雪が積もりにくいということで、一つの結びついた知識ができあがります。そうすると「北西海岸のインディアンが、杉の板でできた斜め屋根の家に住んでいる」ということを覚えるのは、そんなにたいへんではなくなってきます。理由がわかればあたりまえのことになるのです。

　ほかも同様です。一般的なルールとして、住居が「手近な材料でつくられる」ということと、「気候や生活様式に左右される」ということを使います。次に、接続的知識を使います。カリフォルニアは雨が少ない。大きな木が育ちません。雨が少ないことから日干しレンガみたいな材料はつくりやすいですよね。では平原ではどうかというと、ここではバッファローを追う生活をしています。そうすると、移動が楽であることが、家をつくるときに大事になってきます。そこで、ティーピーと呼ばれるテントで、バッファローを追って移動しやすいような家に住んでいる、これですんなりとつながってきます。

　こういう知識を使うことなしにただ覚えておきなさいと言われたら、反復・丸暗記するしかありませんでした。「北西海岸では杉の板でできた斜め屋根の家……」と、呪文のように唱えてくり返すしかなかったのに比べて、このほうがずっと覚えやすくなるし、忘れにくいということになります。「はじめに」で紹介した、「兄は、足が痛いと言っている……」という実験のことを思い起こしてみてください。あの例も、もともとブランスフォード(J. D. Bransford)という認知心理学者が行った実験をもとに、素材をつくり直したものですが、関連づけがうまくできれば、はるかに覚えやすくなることがわかるでしょう。

2 知識はどうとりこまれ、使われるか

情報をとりこむ——上からと下からと

この章で知ってほしい専門用語は「ボトムアップ処理」と「トップダウン処理」です。これはもともと手書きの文字をコンピュータに認識させるというときに使われた言葉です。たとえば皆さんは、郵便番号をはがきや手紙に書きますね。手で書いた文字を、機械が2とか9とかと認識して読んでいるわけです。いまでこそ、機械もよくなったのでうまく読んでいますが、何十年も前の機械にとってはけっこうたいへんなことだったのです。人間にとっては、多少崩れた字を読むのは簡単なことですが、コンピュータにとっては、書き手によって癖があったり、あるいはルーズに書いたり、そういう字を読んで見分けるというのは、難しいのです。

いったいどうやってコンピュータに文字を識別させるかという問題が、１９６０年代くらいにずいぶん話題になりました。人間がとっているやり方を参考にすると、大きく分けて二

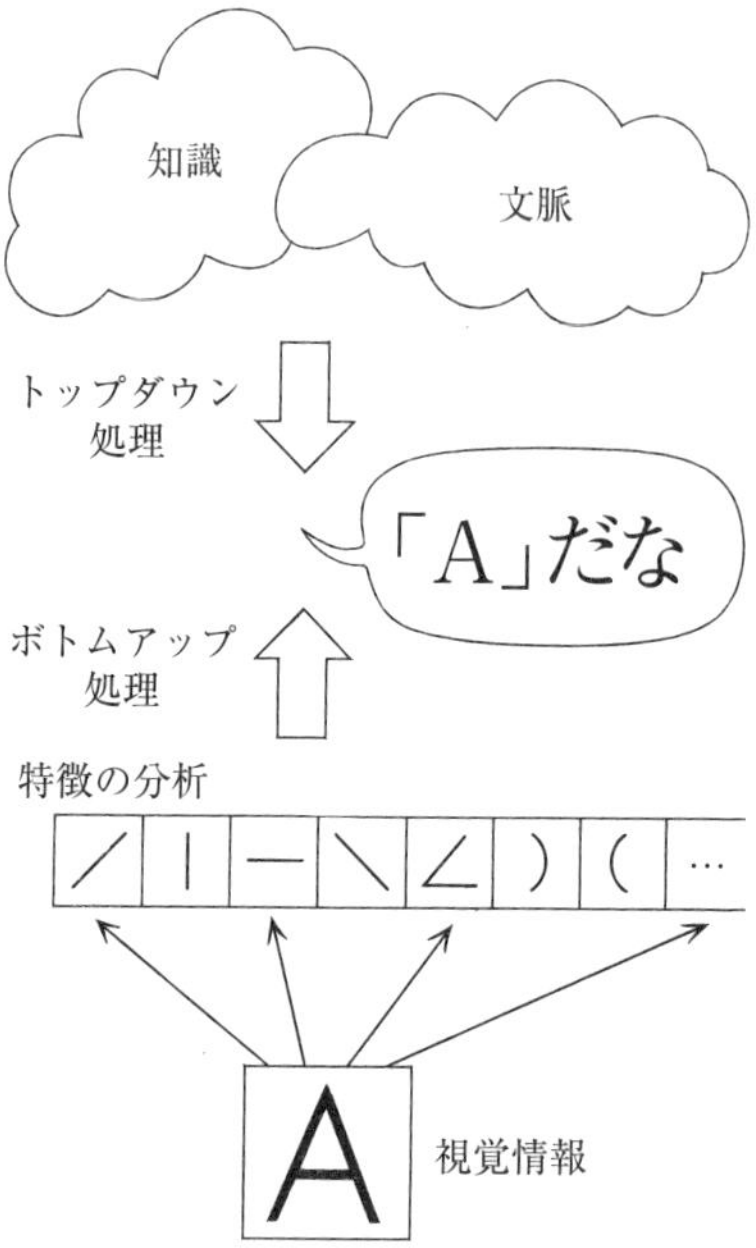

図 2–1　ボトムアップ処理とトップダウン処理による文字の識別

つのやり方がありえます。図2－1の下のような文字が出されたとします。皆さんは即座に「Ａ」とわかりますが、いったい頭の中ではどうやって認識しているのでしょう。どうしてこれがＡとわかるのだろうかということを考えてみましょう。できれば人間がやるように、コンピュータにもうまく識別してほしいわけです。

一つは、いったいこの文字がどんな特徴をもっているかということを、特徴のセットの中から取り出してくるやり方です。たとえば左下がりの斜め線があるとか、水平線が一本あるとか、角になっているところがあるとか、いろいろな特徴があります。あり得る特徴をずら

図 2-2　文脈を使って文字を読んでいる例

りと並べておいて、どの特徴をもっているかということを分析して見ていく。そしてそのような特徴をもった文字が候補としてあがってくる。だんだん特徴を絞っていって、これはＡにちがいないというふうにして決めていくやり方です。こういうやり方を、「下から上へ」という意味で**ボトムアップ処理**といいます。細かく分析して候補をせばめていって識別するというやり方のことです。

それに対して、この文字がどういうところで出てきたか、つまり文脈から判断すると、ここに出てくるんだったらきっとＡにちがいないと当たりをつけて、ある程度仮説を立てておいて、そしてきっとこれだろうと探っていくやり方が、**トップダウン処理**です。私たち人間は、日常場面では知らず知らずのうちに、トップダウン処理に当たるようなことを、ずいぶんやっているはずです。

図２－２は、人間は文脈を使っているので苦労しないで文字が読めることを示す例です。皆さんはパッと見て「ＴＨＥ　ＣＡＴ」と読めるでしょう。ところがよく見てみると、左の真ん中に出てくる文字と右の真ん中に出てくる文字は、まったく同じなのです。それなのに片方はあまり苦労しないでＨ、もう一方はＡと読めます。まったく同じものなのに、ＴとＥのあいだに埋め

込まれているときはＨと読めて、ＣとＴのあいだに埋め込まれているときにはＡと読めるのです。

　というのは、私たちが、これはＴＨＥという一つの単語だと見ているからです。ＴＡＥという単語はありません。ＣＨＴという単語もない。そういう単語に対する知識があって、この前後関係、つまり文脈の中で使われているのであれば、「ＴＨＥ　ＣＡＴ」のはずだというふうに、ほとんど意識もせず瞬間的に読んでいるのです。私たちが、かなり崩した手書きの文字でもけっこうすらすらと読めるのは、そういう文脈情報を自然に使っているからです。崩した文字を一字だけ取り出して、「これを読んでください」といわれると、けっこうつらいはずです。

　こういうふうに、私たちは無意識的に、知識とか文脈とかをうまく使いながら、文字を見分けているのです。人間は実際には、ボトムアップ処理とトップダウン処理の両方を使っています。特徴を下から積み上げていって分析することも、「おそらくここに出てくるのだったらこれだろう」と考えて判断することもあります。両方をうまく使いながらやっているのが人間の情報処理だということです。

　ところがコンピュータのほうは、ボトムアップ処理はわりと簡単ですが、トップダウン処理をするのはけっこうむずかしいのです。郵便番号の場合、文脈は使いようがないから問題としてもともとむずかしい。しかし、郵便番号の場合は0から9まで10通りしかないので、ボトムアップ処理だけでも何とかなります。ところが、もうちょっと複雑な文字、たとえば漢字の入った文章になってくると、トップダウン処理をも使いながら見分けることになり、相当むずかしいことになります。昔のコンピュータではそんなことはできなかったのです。

図形を見て、それが何かを見分けることを、専門用語で**パターン認識**といいます。文字認識はその典型的な例です。要するに、あるパターンが何という文字であるのかを理解して、認識するということです。これと同じような考え方は、私たちが情報を得て、その意味しているところを理解するというときに、いろいろなところで出てきます。人の顔を見て、だれだかわかるのもそうですし、どんな感情かを判断するのもパターン認識です。

さらに、人の話を理解するときに、人の声が情報としてどんどん入ってきます。その中から「この人がいいたいのはこういうことなんだな」ということを理解する、これもすごく広い意味では一種のパターン認識のようなことをやっているわけです。たとえば音に関する知識、単語に関する知識を使いながら、この人がいいたいことを理解するという、下から積み上げていくボトムアップ的なやり方と、知識や文脈を使ったトップダウン的なやり方があります。「この人はこんな立場だから、きっとこんな話をするんだろう」とか、「私の知っている知識からすると、きっとこんな話のはずだ」とか、あるいは「こんな話だったらいいなあ」と、期待をもって聞いていく、これはまさにトップダウン的なやり方です。

ただし、そういうことをやっていて、逆にまちがえてしまうこともあります。あまりにも期待が強くて、実際の話はそうじゃないのに、自分の期待の方向にねじ曲げてしまい、わかったつもりになるということもあります。そうだとしても、人の話を理解するときに、単語の知識や文法の知識を積み重ねていって理解するというやり方と、知識や文脈、あるいは期待に誘導されて理解するというやり方と、両方の理解のしかたがあるということは知っておいてほしいのです。

言語から命題的表現へ

ものを覚えるとき、私たちの頭の中ではいったいどんなふうに情報が表現されているのかということを、認知心理学では扱います。そのときよく、コンピュータの記憶と対比して考えることがあります。コンピュータの記憶には、実はいろいろなやり方があります。賢くないコンピュータは、そのまま丸ごと覚えようとします。つまり文字は文字として、図形は細かい点の集まりとして丸ごと覚えようとするのです。これは、記憶というより、単なる「記録」とも言えます。ところが、**人工知能**(artificial intelligence)といわれるような、かなり賢いコンピュータになると、人間がやっているように、意味をそこから抽出して表現します。そしてそれを蓄えておく、そういう人間のようなやり方をします。

たとえば次の文章は、子どもの本からの引用です。私たちが勉強するとき、教科書にはだいたいこのようなことが書いてあり、その内容を知ろうとするのではないでしょうか。

> イギリスの旧グリニジ天文台を通る経度0度の線を基準として、経度15度ずつの区分ごとに一つの標準時を使うという案が１８８４年に決められた。そこで日本では東経１３５度の線が通る兵庫県明石市の時刻を日本標準時と定め、全国でその時刻を用いることにした。世界の標準時も、だいたい経度15度ずつを目安にしているが、国境や便利さなどを考えて、実際には入り組んだ形になっている。
>
> （小学館『21世紀こども地図館』より）

これを「はい、覚えてください」と言われたとします。するとＩＣレコーダだったら、そのまま覚えるしかありません。そのかわりレコーダは、どんな意味だったのかということは全然わかっていません。レコーダは要約も説明もしてくれないし、質問にも答えてくれません。要するに、意味もわからず、丸暗記です。ところが、私たち人間は、むしろ字づらよりも、意味内容を気にしていると思います。こういうものを読むと、細かい字づらそのものよりも、いったい何を意味しているのか、どんな内容がそこに含まれているかを考えます。第1章でも説明したように、人間はそのまま丸暗記ということは、あまりしないのです。

意味内容を分解して取り出した図2－3(a)のような文を**命題**といいます。英語でいえば“proposition”ですが、これは高校3年生くらいで出てくる単語かもしれません。命題とい

① 旧グリニジ天文台はイギリスにある．
② 旧グリニジ天文台は経度 0 度にある．
③ 標準時は経度 0 度が基準である．
④ 標準時は 1884 年に決められた．
⑤ 標準時は経度 15 度ごとに決められた．
⑥ 明石市は兵庫県にある．
⑦ 明石市は東経 135 度である．
⑧ 明石市の時刻が日本標準時である．
……

(a) 命　題

①′ (〜に存在する，旧グリニジ天文台，イギリス)
②′ (〜に存在する，旧グリニジ天文台，経度 0 度)
③′ (〜を基準とする，標準時，経度 0 度)
……

(b) リスト表現

図 2-3　命題とリスト表現

うのは、何かある事実を表した文です。ここでは「旧グリニジ天文台はイギリスにある」というのが意味内容として含まれていますね。イギリスにあるということ、これは一つの事実です。「旧グリニジ天文台は経度０度にある」ということも含まれていました。字づらはもとの文とは違いますが、内容を取り出したことに注意してください。「標準時は経度０度が基準である」ということ、「標準時は１８８４年に決められた」ということ、こういうことが、まず頭の中で取り出されるわけです。

　人工知能であれば、もともとの文章を分析して、こういう一つひとつの事実を表している意味内容をまず取り出します。そのうえで、たとえば日本語の文章はそのままコンピュータにデータとして入れにくいので、図2-3(b)のような**リスト表現**を使います。このような、ある一定の文法に従った書き方があるのです。先ほどの「旧グリニジ天文台はイギリスにある」は日本語で書かれた命題です。同じ内容を、コンピュータの一つの表現のしかたであるリスト表現で書くと、まず、「〜に存在する」という動詞にあたるものが最初にきます。述語にあたるものが最初にくるのです。主語にあたるものが「旧グリニジ天文台」ということで、次にきます。そして目的語にあたるものが「イギリス」としてくるのです。リスト表現は、ある一定のルールで命題を書き表したものです。こうすると、いかにもコンピュータにのりやすそうな感じですね。

ただ、人間が見たとき、リスト表現はわかりにくいので、人間にとってもわかりやすいような形に書いたものが、図2-4の**命題的ネットワーク**と呼ばれているものです。楕円の1番は一つの命題に対応しています。図2-3でいうと「旧グリニジ天文台はイギリスにある」に対応しています。矢印が出ていて、いまの命題の主語にあたるもの、つまり「主体」が「旧グリニジ天文台」です。「関係」は述語にあたるもので、「〜に存在する」、それは「イギリス」という「対象」を表す目的語にあたるものがここに書かれています。命題の2番もそれにつながっています。「旧グリニジ天文台」は命題1に出てきたのと同じものですから、同じ場所を指しています。「経度0度」という項目でつながってまた次の命題にいき

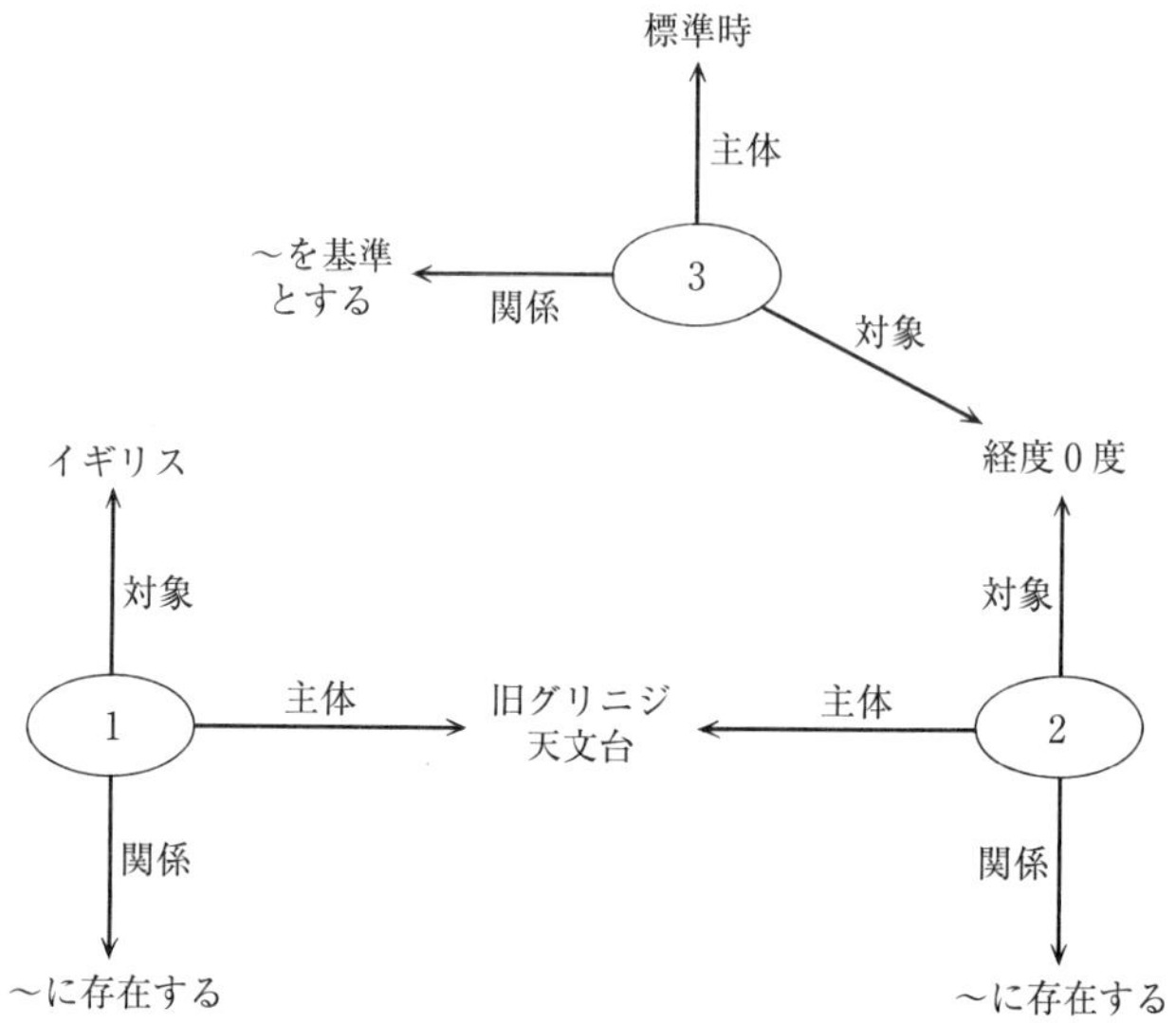

図 2-4　命題的ネットワークの例

ます。頭の中にこういう網目のようなもの、つまりネットワークができあがっていくこと、これが、私たちが長期記憶の中に情報を蓄えるということなのだというのが、認知心理学や人工知能の分野での一つの見方ということになります。

　私たちがものを思い出すときは、こういうネットワークのどこかをまた「活性化」すること、もう1回そこがパッパッと興奮する状態になることだと考えられます。その興奮状態というのは、こういう網目を伝わってだんだん広がっていきます。何かものを思い出すときには、連想してイモヅル式に思い出すことがよくありますね。それもこうしたネットワークがだんだんに活性化されていくことだと考えられるわけで、これが長期記憶の中での知識の構造の一つのモデルです。知識はバラバラの状態よりも、関連をもってつながっているほうが、よく思い出せるということになります。

図や絵も命題的表象か——イメージ論争

表象とは、あまり聞かない言葉でしょう。もともと哲学や心理学で使われる言葉です。表象とは、簡単に言ってしまうと、もともとは「イメージ」という意味でした。私たちが、たとえばリンゴという言葉を聞いて心の中にリンゴのイメージが浮かんだとします。それを「リンゴの表象」という言い方をします。そもそもは、視覚的なイメージのことを表象と呼んでいたのですが、だんだん意味が広がってきて、見たものではなくても、聞いたものでも、匂いのようなものでも、五感に対するあらゆるイメージを表象というようになります。

さらに、具体的なイメージでなくてもある言葉を聞いて、そこから思い浮かぶ知識、その対象に対する知識を表象というようになりました。リンゴならリンゴについて、私たちはいろいろな知識をもっています。視覚像が心に浮かぶということだけではなくて、「リンゴというのはどんなものであるか」というような知識全体が浮かびます。これもリンゴの表象といって、だんだん意味が広がったわけです。直接目に見えないものでも、たとえば「民主政治に対する表象」といえば、民主政治はどんなものであるかということについて、私たちがもっている知識が表象になります。心の中に浮かんでくるひとまとまりの知識、それを表象というわけです。

英語では**representation**《リプレゼンテーション》です。ちょっと脱線しますが、こういう単語も、覚えようと思ったときに、「**representation**＝表象」と、頭の中でただ唱えるだけでなく、なぜ**representation**が表象という意味になるのかということを、構造的に理解しておくと覚えやすいと思います。英単語を覚えるときによくやりますね。分解してそれぞれの意味を理解するのです。**representation**を分解すると、中に**present**があります。**present**には「出席する」という意味があります。「出席する」というのは、「いま目の前にある／いまここにある」ということです。**"He is present"**といったら、「彼は出席している」と訳しますが、彼は目の前にいますということです。**present**にはもう一つ、「プレゼントする」という意味もあります。「さし出す」ということです。目の前に「ほら」といってさし出すのがプレゼントで、「提示する」ということです。やっぱり「目の前にある／目の前に示す」ということで、同じ**present**という単語が、形容詞としても動詞としても使われています。

ここから**presentation**という言葉が出てきます。**presentation**とは発表することです。みんなの前で、「はい、こうです」と発表するのです。いろいろな人の前で、たとえばお客さんの前とか、ほかの社員の前で「この商品はこのような特徴をもっています」とか、「わが社の新しい企画について説明します」とか言って、みんなの前で情報を示すことが**pre-**

sentation です。このごろ学校でも、子どもたちが自分の発表をするとき、「プレゼンテーションをする」という言い方をするようになりました。要するに、目の前に出すということです。

representation はそれに **“re”** がついています。**re** というのは、**again** という意味、「もう一度」ということです。もう一度目の前に出てくるという意味です。それがなぜイメージという意味になるかというと、最初は目の前にあったものが、すでにないのに出てくる、これがイメージだからです。さっきリンゴのイメージといいましたが、リンゴが目の前にあるときは、「はい、これがリンゴです」というので **presentation** です。ところが、そのリンゴが消えてしまっても、目をつぶっているとさっき見たリンゴのイメージが浮かぶ、もう一度現れてくるということで、**representation** がイメージという意味になるわけです。これはかなりむずかしい言葉ですが、認知心理学の中では大事なキーワードです。

すでに出てきた図2‐4の「命題的ネットワーク」もまさに表象なのです。グリニジ天文台に関する文章を見て、心の中に残った知識がこれだからです。だから、こういうものを**命題的表象**というような言い方をするときもあります。言語で与えられた情報、つまり文章は、字づらや音声そのままではなく、意味内容が抽出されて、命題的表象となって頭の中に保存される。これは、わりと理解しやすい考え方だろうと思います。

それでは、写真とか、図や絵のようなイメージ情報はどうでしょうか。私たちは、直観的

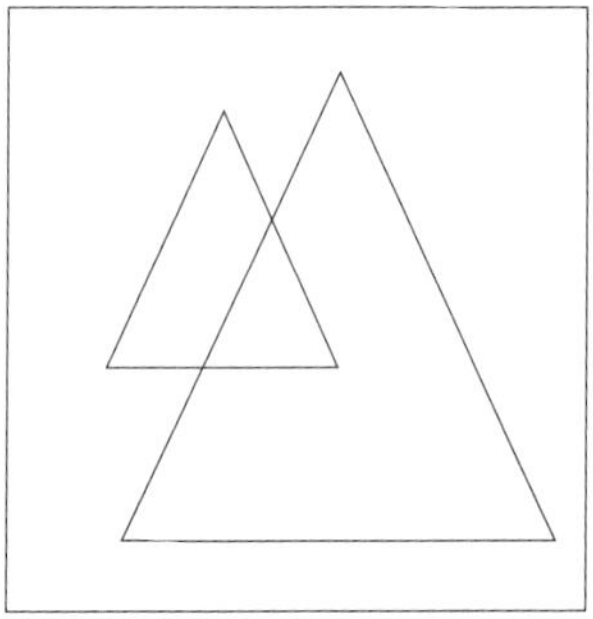

図2–5　多くの人は“正方形の中で二つの三角形が重なり合っている”と見る

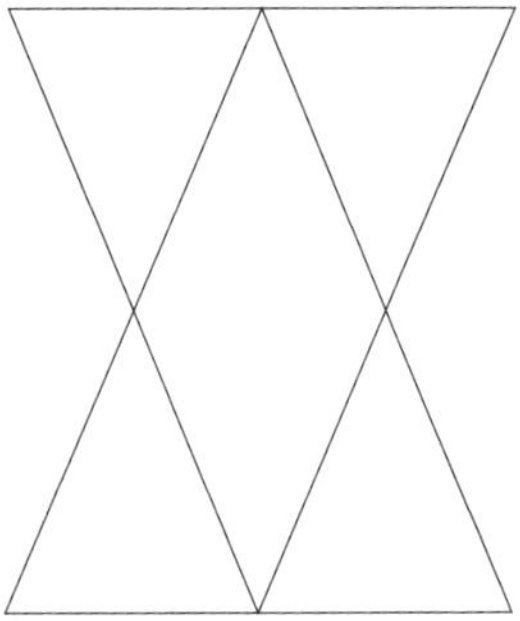

図2–6　さまざまな構造化がなされる図形の例

にはイメージは心の中にある絵のようなもの、つまり、画像が心の中のアルバムにそっくりそのまましまわれていて、必要に応じて取り出してくるようなものと考えがちです。しかし、1970年代に、ピリシン（Z. W. Pylyshyn）という人工知能学者が、「イメージも命題的表象として保存されている」という主張をして、認知心理学の中に**イメージ論争**という大論争を引き起こしたのです。

ふつう、私たちが素朴に意識しているのは、言語情報は心の中の声として、イメージ情報は心の中の絵として表象されているということです。ですから、当時の認知心理学者も含めて、ピリシンがいったい何を言っているのか理解しにくかったと思われます。しかし、第1章の話と考え合わせると、人間は情報をまるごと保存するわけではなく、意味や構造を取り

図 2-7　この絵を見て，人はどのようなイメージをつくりあげるであろうか

出してそれを保存しているということに、納得がいくはずです。その意味や構造を表しているのが、まさに命題であり、これはもとの情報が言語であろうがイメージであろうが同じことなのです。

図２－５は、いったい何に見えますか。多くの人は、「四角形と三角形が重なっている」と見るでしょう。すでに意味や構造を取り出していることになりますね。カメラやビデオには、そんなことはわからないのです。これは、あくまでも人間の側のものの見方、つまり解釈です。図２－６はどうでしょうか。人によって、どのように構造化するかは違ってくるはずです。構造化のしかたが違えば、つくられる命題も

異なる、つまり、異なる命題的表象として保存されることになります。たとえば、「小さな三角形が四つある」という命題的表象をつくった人と、「上向きと下向きの大きな三角形が重なっている」という命題的表象をつくった人とでは、話が合わなくなる可能性があります。同じものを見たにもかかわらず、何を見たかという主張が異なるかもしれないのです。

図2-7を見てみましょう。おそらく、「子どもが、バナナがとれなくて泣いている」というような命題的表象ができたでしょう。しかし、これはあくまでも一つの解釈です。そのような解釈をして表象をつくるのは、人間の側の情報処理のはたらきによるものであって、そこには見た人のさまざまな知識が総動員されて、そのような解釈を生み出しているのです。たとえば、赤ちゃんがこの絵を見ても、そのような命題的表象はできないはずです。

知識は使うためにある——スキーマによる文章理解

私たちが外からの情報をとりこむとき大切なことは、もっている知識を使ったトップダウン処理をうまく使うことです。トップダウン的な処理がうまくできなかったときは、私たちはほとんど情報を理解することも記憶することもできなくなるということで、よく使われるのが、先にも登場したブランスフォード(24ページ)が実験用につくった次の文章です。まず読んでみてください。

手順は実に簡単である。まず、いくつかの山にまとめる。もちろん量によっては一山でもかまわない。設備がその場にないときには、次の段階としてどこか他の場所に行くことになる。そうでなければ、準備はできあがりである。たくさんやりすぎないことが大切である。つまり、一度にあまり多くの量をこなすくらいなら、少な目の量をこなすほうがよい。短期的にみれば、これはさして重要でないように見えるかもしれないが、すぐにやっかいなことになる。ここを間違えると高くついてしまうことがあるのだ。最初は手順全体が複雑に思えるかもしれない。でも、それはすぐに生活の単なる一側面にすぎなくなるだろう。比較的近い将来にこの仕事がなくなるという見通しはない。それは誰にもわからない。手順が完了すると、またいくつかの山にまとめる。それから適切な場所に入れる。やがて、それらはもう一度使われる。このようなサイクルをくり返さなければならない。でもこれは生活の一部なのである。

もし、これを覚えてくださいなどと言われたらどうですか。ＩＣレコーダだったら覚えることはできますが、あくまでも丸暗記にすぎません。人間は意味がわからないと、とても覚えきれませんね。さて、これが何の話かわかったでしょうか。

答えは「洗濯」です。私が大学の講義の中でこれを出したとき、一人暮らしをしている人が手をあげて、「わかりました、洗濯でしょう」と答えたのです。よく自分で洗濯をするので、すぐ頭に浮かんだのでしょう。ブランスフォードは、あるグループには「洗濯」というタイトルを与えてこの文章を読んでもらいました。何日かたってから、その文章を再生してもらうわけです。「洗濯」と最初に与えられたグループは、けっこう内容を覚えていました。ところが、何にも言わないで、この文章をいきなり与えたグループだと、結局何が何だかよくわからない。再生してくださいと言われてもおよそできなかったのです。

　この文章はわざと意地悪くつくってあるのですが、洗濯の話だと最初に言われていれば、すらすらとわかりますね。そのときにいったいどんな情報処理をしているのでしょうか。私たちは、もともと知識として、いったい洗濯とはどういうことか、ある程度頭の中に知識があるはずです。もちろん洗濯をほとんどしたことがない、手伝ったこともない人は、そういう知識があまりないわけですから、洗濯だと言われてもピンとこないかもしれません。少なくとも大人なら、「こんなふうな手順で、こんなことをやるものだ」という洗濯に関するひとまとまりの知識をもっています。「○○とはどういうものか」という一般的知識を認知心理学では**スキーマ**(schema)といいます。洗濯とはどういうものかは、「洗濯のスキーマ」ということになります。洗濯についての経験的知識から取り出した、洗濯についての知識の体系なのだと思ってください。

　私たちが文章を読んだり、人の話を聞いたりするときには、長期記憶の中からスキーマを呼び出してきます。人工知能であれば、どこかにそういうデータが入っていて、それを取り出してくることになります。洗濯がどんなものであるかという一般的な知識を使いながら読み進んでいくということです。せっかくそのスキーマをもっていても、それを呼び出すことに失敗すると、全然わからないということになってしまいます。わからなければ、断片的な丸暗記に頼らざるをえなくなり、結局、すぐに忘れてしまうのです。

文章には、ふつうはタイトルがついているか、仮にタイトルがなくても、最初の部分を読めばうまくスキーマが引き出せるように書いてあるものです。そうでない文章は悪い文章です。ですから、これはある意味では、わざとつくった悪い文章といってもいいのです。私の授業でわかった大学生は、「生活の一部」というところで気づいたそうです。「生活の中でこんなことがないかな」と思ったということですね。わかりにくいときは、しかたがないので、いまのように文章全体を見て、「もしかすると洗濯かな」という仮説を立てて、もう一度読みなおしてみると、やっぱりそうだとわかったわけです。

「常識」のあるコンピュータは、人の話がわかる

さて、人の話や文章がわかるような人工知能をつくろうというときは、人間がもっているようなスキーマを、コンピュータにもデータとして与えなくてはいけません。それを使いながら文章を読むという処理ができるようにするのです。どんな形式でスキーマを与えるか、いろいろなやり方が提案されています。図2－8は「レストラン」のスクリプトです。**スク**

スクリプト名：レストラン

大道具・小道具：テーブル
　　　　　　　　メニュー
　　　　　　　　料理
　　　　　　　　お金
　　　　　　　　請求書

登場人物：客
　　　　　ウェイター
　　　　　コック
　　　　　レジ係
　　　　　オーナー

呼び出し条件：客は空腹である
　　　　　　　客はお金を持っている

結果：客のお金は減る
　　　オーナーのお金は増える
　　　客は空腹でなくなる

場面1：入場
　客はレストランに入る
　客はテーブルを探す
　客はどこに座るか決める
　客はテーブルのところへ行く
　客は腰かける

場面2：注文
　客はメニューを取る
　客はメニューを見る
　客は料理を決める
　客はウェイターを呼ぶ
　ウェイターはテーブルに来る
　客は料理を注文する
　ウェイターはコックのところへ行く
　ウェイターは注文をコックに伝える
　コックは料理を作る

場面3：食事
　コックは料理をウェイターにわたす
　ウェイターは料理を客に運ぶ
　客は料理を食べる

場面4：退場
　ウェイターは請求書を書く
　ウェイターは客のところへ行く
　ウェイターは客に請求書をわたす
　客はレジに行く
　客はレジ係にお金を払う
　客はレストランを去る

図2-8　「レストラン」のスクリプト

リプト(script)とは、もともと劇の台本のことです。スクリプト名は「レストラン」——つまり、レストランというのはいったいどんなところで、そこではどんなことが行われているのかということが、劇の台本を真似て書いてあります。人間がもともともっているこういう知識をデータとしてコンピュータに与えます。

　見てみると、大道具・小道具としてテーブル、メニュー、料理、お金、請求書とあり、登場人物は、客、ウェイター、コック、レジ係、オーナーです。呼び出し条件というのは、どういうときにこのレストランというスクリプトが呼び出されるかということです。「客は空腹である、お金を持っている」というのが条件になります。こういうときはレストランに行きます。結果としては、「客のお金は減る、オーナーのお金は増える、客は空腹でなくなる」です。場面ごとにやることが書いてあります。入場場面は、「客はレストランに入る、テーブルを探す」からはじまって、腰かけるところまで。場面2が注文です。「客はメニューを取る、メニューを見る」とはじまって、場面3で食事、場面4が退場です。

よく「行間を補いながら読む」といいますね。私たちが読む実際の文章では、そこでお客さんがやったこととか店員がやったことは、いちいち書いてありません。知識を使ってうまく省略を補って文章を理解しているわけです。私たちの話している会話内容をそのまま文字にしてみると、省略されていることがすごく多いはずです。省略されているけれども、話の内容はそれなりに通じているというのは、いわゆる「常識」に当たるような知識をうまく使っているからだということがいえます。逆にそういう知識をもっていなかったり、もっていてもうまく呼び出せなかったときというのが、さっきの洗濯の文章のような例になるわけです。

私たちは、日常生活の中ではごく自然にこういうことをうまくやっているのです。日本語の文章を読むときは、わりと無意識的にやっていて、けっこうなんとかなっています。これもトップダウン処理ということになります。うまくいかないのはどういうときでしょうか。たとえば、授業で先生の話がわからないとか、教科書を読んでもわからないとかいうときです。先生はわかるように話している、実際にわかる生徒もいる、しかし、それがわかるために前提となる知識——常識というより教科の知識ですが——が不足していたり、あやふやだったり、誤っていたり、というようなことになれば、当然わからなくなります。

　授業がわからない、教科書を読んでもわからない、ということが多くなったら要注意です。それは、「新しいことがわからない」以前に、「すでに習ったはずのことがわかっていない」からかもしれないからです。たとえば、「２次関数がよくわかりません」と言ってくる生徒に聞いてみると、そもそも「関数とは何かがわかっていない」「１次、２次という次数の意味がわかっていない」というのはよくあることです。人間は、すでにもっている知識をもとに知識を広げていくことを、あらためて心にとめておきたいものです。しかし、必ずしも悲観したり、常に完全を求めたりする必要はありません。わからなくなったら、わかり直せばいいからです。教科の学習は、そうやって行ったり来たりしながら、理解を深めていくものだと思ったほうがいいのです。

■勉強法に生かすには——理解の前提となる基礎知識をチェックする

　教科の勉強にも、スキーマやスクリプトというのは、やはりあるわけです。数学なら、関数とはどういうものかというスキーマ、英語なら関係代名詞とはどういうものかというスキーマ、理科なら酸とアルカリの中和実験をするときのスクリプトとか、いくらでもあります。常識的なスキーマは、私たちは日常生活の中でごく自然に身につけていきますから、とくに意図的な努力をした人はあまりいないはずです。ところが、教科とか学問の世界では、先生や教科書の説明からそれを獲得することが求められます。しかも、なんとなくなじんでいく、というやり方ではなかなかうまく獲得できないことが多いのです。

「○○とはどういうものか」ということを、難しい言葉で**概念**(concept)といいます。これもともとは哲学用語ですが、スキーマとほぼ対応した言葉です。「関数という概念」といえば、関数とはどのようなものかという考えのことで、関数の表象といってもいいでしょう。学校の教科では、概念の理解がまさに学習の中核であり、最も困難なところともいえるのです。平たくいえば、概念の理解とは、教科や学問の世界で出てくる専門用語の意味するところを理解することといえます。

　用語の理解で第一に大切なのは、いったいどういう意味なのかという決まり、つまり定義を押さえることと、適切な具体例を知っておくことです。たとえば、数学であれば、「有理数・無理数とは何か」、理科であれば「酸化とは何か」、英語であれば「不定詞とは何か」などについて、定義と具体例をあげて説明することができますか。多くの生徒は、こうした説明が非常に苦手です。このような問題が直接テストに出なくても、それを理解していないと、そのあとの授業がわからなくなってしまうのです。教科書やノートには必ず書いてあるはずですから、説明できる自信がなければすぐにチェックしたいものです。

　用語のチェックに役立つのは、教科書や参考書の巻末についている「索引」です。索引には、いわゆる「専門用語」が五十音順に並んでいます。そして、教科書のどこのページで説明されているかが示されています。ある高校生が、「これ、すごいね。ハイテクだね」とびっくりしていました。実は、大昔からある「ローテク」なのですが、その威力はハイテクなみです。もっとも、活用しなければ、宝の持ちぐされです。さっそく索引を眺めてみて、自分にとって理解があやふやな用語をチェックしてみることをすすめます。

　また、本章で出てきたイメージ論争が、学習場面でどのような意味をもつか考えてみましょう。授業や教科書ではよく図が使われますね。学校の先生や教科書の執筆者は、わかりやすいだろうと思って使っているのです。しかし、その図で本当に生徒がわかったと言えるのは、教える側と生徒の側が、同じ解釈をもったときです。確かに図を使うとわかりやすくなることがありますが、その図に込められた意味や構造が共有されること、いわば同じ命題的表象が伝わることが大切です。たとえば、「一次関数 $y=ax+b$ のグラフは、どんなグラフですか」といって、生徒が座標軸に一本の右上がりの直線を書いて、「はい、これです」と答えたとします。それだけならカメラでもできることで、実は丸暗記しているにすぎないかもしれません。

もともと、そこに込められた意味として、「$a>0$なら右上がりの直線、$a<0$なら右下がりの直線になること」「bの値は直線とy軸の交点に現れること」「aの値は、右方向に1すすんだときのyの増加分になること」などがわかっているのかどうか、それがこのグラフに対する命題的表象ということになります。それを確かめるには、教師のほうは、このグラフについていろいろな質問をしてみること、また、生徒のほうはこのグラフについてさまざまな特徴や見方を説明できることが大切になってきます。

一般に、勉強がすすむにつれて、一つの図とか、一つの式に対して、いろいろな見方をしたり、それにまつわる知識がたくさん浮かんできたりするようになります。それは、豊かな命題的表象をもてるようになったということにほかなりません。美術の専門家は一枚の絵について、詳しい解説をすることができます。スポーツの専門家は、試合での一つの場面について詳しい解説をすることができます。同じものを見ていても、そこで広がってくる表象がちがうのです。私たちの学習も、まさに豊かな表象をもつためにあるということですね。

3 いかにして問題を解くか

問題理解と解法探索——数学文章題を例に

この章では、**問題解決**(problem solving)をテーマにします。問題といっても、世の中には、政治問題、経済問題、教育問題、……と、いろいろあります。何が正解かがわからない問題が多いのですが、学校の数学や理科でやるような問題は、正しいか、まちがってるかの見分けがつけやすく、解決のしかたの研究も科学的に扱いやすいのです。認知心理学で問題解決研究として取り上げられるのは、こういうわりと明確な問題が多いです。

私たちがある問題を聞いて、内容を理解して解くとき、どのような処理のプロセスを経るでしょう。図3－1は、その概略的なモデルです。たとえば、次の小学校の簡単な問題を解くプロセスを例として考えてみましょう。

太郎君がはじめにアメを五つ持っていました。おばあさんから三つもらいました。太

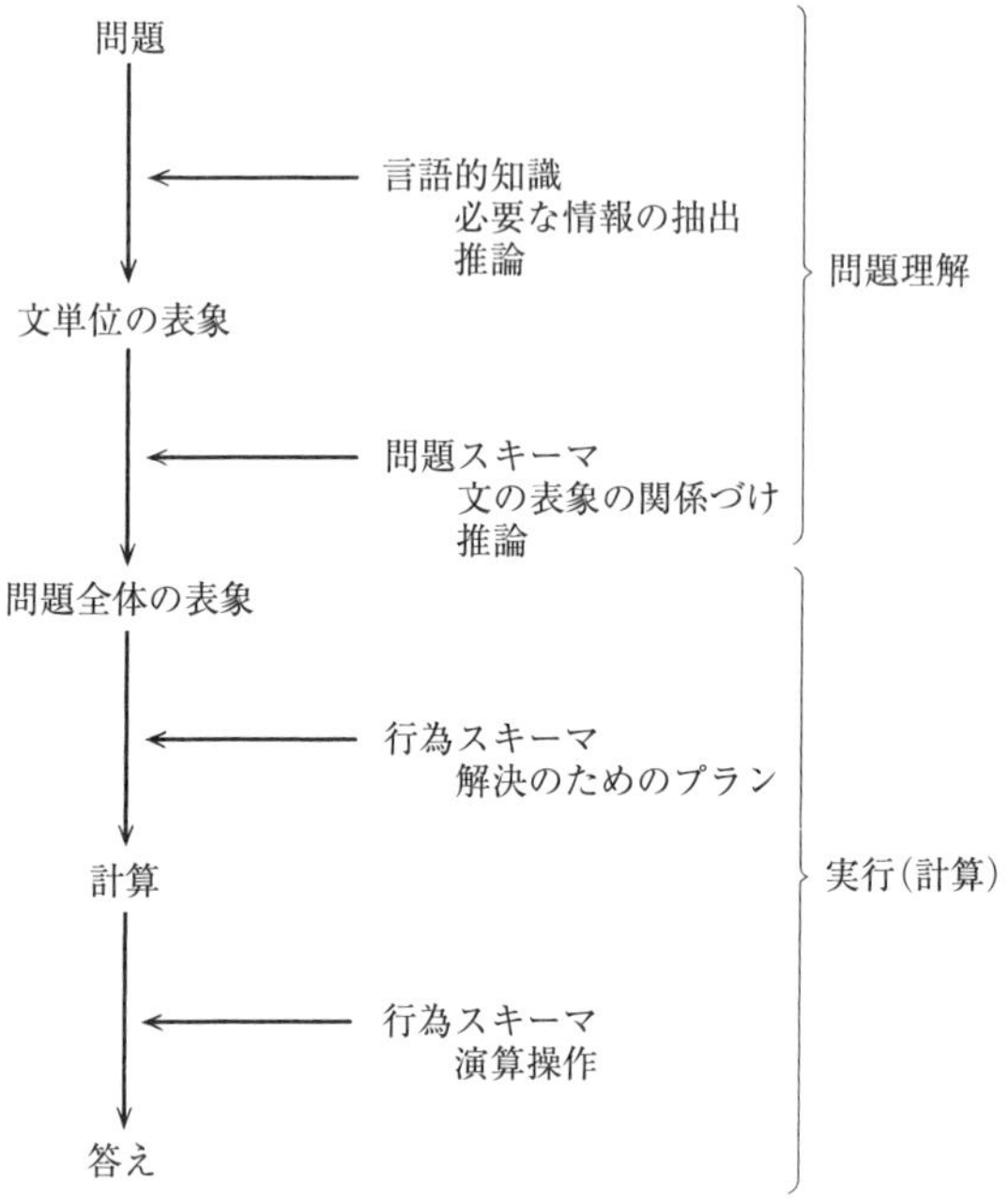

図 3–1　数学の問題解決のプロセス

郎君は、いまアメを何個持っているでしょう。

こういう問題文にあたると、私たちはまず問題を理解しようとするわけですね。問題が意味しているところを理解することを**問題理解**のプロセスといいます。そのときにはじめに使われるのは、言語的な知識です。問題が日本語で書かれているわけですから、日本語の知識がないと内容がわかりません。そこで必要な情報を抽出して、ときどき私たちの常識を使って補ったり

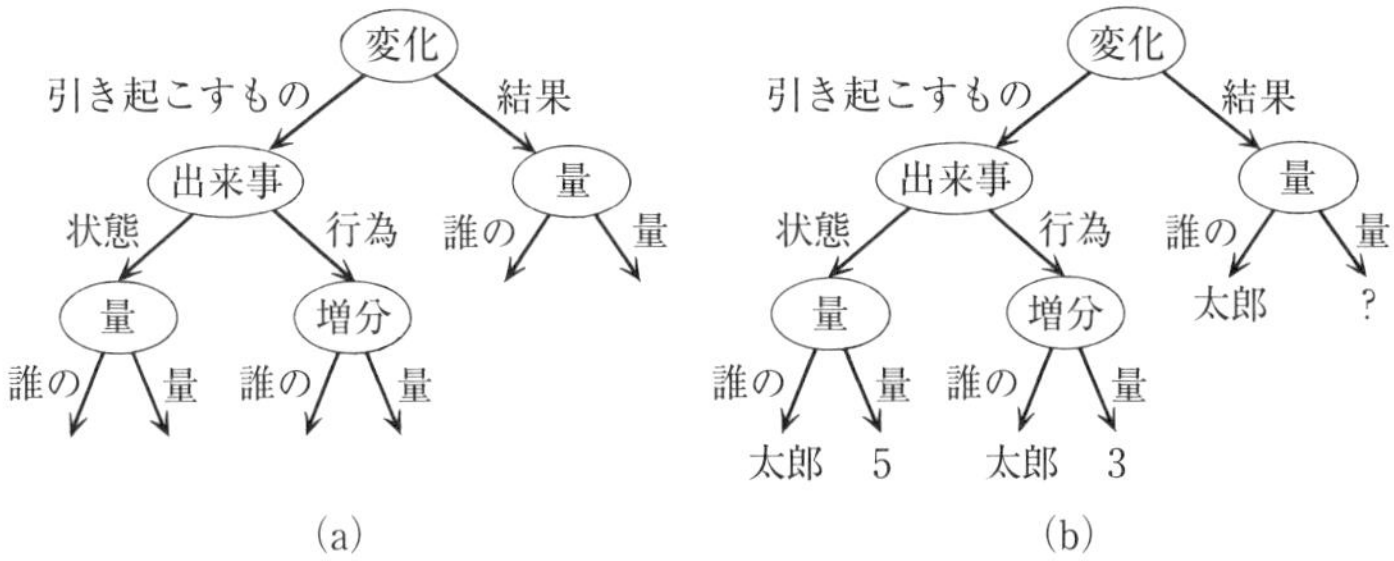

図 3-2　変化の問題のスキーマ

しながら内容を推論して理解しようとします。そこで文単位の表象をつくります。これは、第2章で命題的表象の話が出てきたことを思い起こしてください。

次に私たちは、**問題スキーマ**という、問題のタイプごとにもっている知識をうまく使いながら、問題全体の表象をつくりあげるのです。「太郎君がアメを五つ持っていた。おばあさんから三つもらった。いま太郎君は何個持っているでしょう」という問題を見た瞬間、解き慣れている人は、「ああ、いくつもらっていくつ増えたという変化の問題なんだな」というふうにとらえる、つまり「変化の問題」というスキーマを頭の中から呼び出してくるということです。

それはどんな形をしているかを表したのが、図3－2(a)になります。変化というのは、はじめの状態としてもともとある量があって、行為として増分がある。そういう出来事の結果として、最後の量が決まるという状況です。量というのはさらに、誰のものなのかということと、量がいくつなのかということからなっています。この「誰」とか「いくつ」とかいう値は、まだ具体的な項が入っていません。だからスキーマとは、具体的な状況を少し抽象化したものです。私たちが問題文を読むときには、こういうスキーマを呼び出したうえで、実際に問題文を読んで、その「誰」とか、「いくつ」という情報を入れていくわけです。

図3-2(b)は、スキーマを使って問題文をうまく読んで、ちょうど項が入ったところです。最初の量が誰のものかというと「太郎」と入っています。太郎というのは、問題文から取ってきたものです。量は5が入っている。「最初は五つ持っていた」と問題文に書いてあるからです。そして今度は増分です。太郎の増分で、3だけ増える。そして結果ですが、誰のものかというのは、もちろん太郎です。いったい量がいくつになったか。これを求めるのが問題です。この段階でできあがった表象を**問題表象**とか**状況モデル**といいますが、それをつくることが、問題を理解することだと考えます。

問題が理解できるということは、適切なスキーマを呼び出して、その中に具体的な項が入ることです。国語的な意味で何をいっているかがわかるだけでは、決して十分ではありません。つまり、「ああ、変化の問題なんだな」ととらえて、変化のスキーマを呼び出してくるということが大事なのです。皆さんが非常にむずかしい問題を見せられたら、いちおう日本語としてはわかるけれども、「いったいこの問題は何なんだ」という感じになるでしょう。小学生が高校生の問題を見た場合を想像してください。日本語としてはわかるけれども、いったい何の問題なのかがわからない。その先に進みようがないのではないかと思います。問題スキーマをどれだけ豊富にもっているかが一つのポイントです。

問題表象ができあがると、今度はどう解こうかということになります。図3－1をもう一度見てみましょう。これは、問題を解くときの全体的な流れでした。先ほど見てきたことで、問題全体の表象がいちおうできあがりました。次に**行為スキーマ**というのがあります。「こういう問題のときにはこのようなやり方で解いていくといい」という知識を行為スキーマといいます。その知識を使って、**解法探索**をしていきますが、解法にはいくつも候補があるかもしれません。そして、「こういうやり方でできそうだ」となれば、式が立てられます。

定型的な問題であれば、すぐに適用できる行為スキーマをもっているでしょうが、見慣れない問題はどうしたらいいでしょうか。ここで使われるのが、もう少し抽象的な**方略的知識**と言われるものです。たとえば、「割合の問題なら、とりあえず線分図を描いてみる」「関数の問題ならグラフにしてみる」「証明問題なら、結論をいうために何がいえればよいか、逆向きに考えてみる」といったような方針も方略的知識の一種です。方略的知識も行為スキーマの一種といえるでしょうが、適用範囲が広い代わりに、いつも必ずそれでうまくいくとはかぎりません。ただ、問題解決の得意な人は、その分野に特有の方略的知識を、一種の「ワザ」としてもっていて、むやみに試行錯誤するのではなく、効率的に解を探し当てるのです。認知心理学では、**熟達者**（expert）といわれる人たちに、問題解決過程で考えていることを口に出して言ってもらったり、図に描いてもらったりして、どういう方略的知識を使っているのかを探ります。

さて、数学の問題で解法がひらめいたら、ふつうは立式、そして計算の実行になります。式を計算するときには演算操作に対する行為スキーマ、要するに計算手続きを使います。ここには「かけ算とか足し算はどんなふうにすればいいのか」というような操作が含まれています。そしてやっと答えが出てくる。以上が問題解決のプランをたてて演算を実行するというプロセスになります。実際に問題を解くところですから、狭い意味での「解決」はこの部分ですね。しかし、問題を与えられたところから解決が始まっているとすれば、問題理解の部分が非常に重要なこともわかるでしょう。認知心理学では、こういうふうに、問題理解ということと、解法探索・実行というプロセスに分けて考えるのです。

文章理解も問題解決——英文解釈を例に

認知心理学では、私たち人間の知的活動は、すべからく問題解決であるというとらえかたをします。たとえば、目で見たものの大きさや距離を判断したり、見た物体が何かを認識したりする**知覚**(perception)という作用も、視覚情報をもとに何らかの答えを出すのですから、問題解決といえます。記憶も、覚えるときに与えられた情報を、しばらくたってから再構成するという問題解決とみなせます。すると、文章を読んで理解するのも、与えられた言語情

> I was never stage-struck. I have known dramatists who wandered in every night to the theatre in which their play was being acted. They said they did it in order to see that the cast was not getting slack. I suspect it was because they could never hear their own words spoken often enough.
>
> (W. Somerset Maugham)

報から、筋の通る解釈をつくりあげるという、まさに問題解決なのです。第2章でも見てきたように、私たちは言語的知識ともっているスキーマを使いながら、ボトムアップ処理とトップダウン処理によって文章理解を行っています。

ここでは、英文解釈を素材にしましょう。英文解釈も、基本的には同じような処理によってうまくいくはずです。ところが、英語になったとたんに処理がうまくできなくなる生徒がけっこう多いのです。生徒にどんなことに心がけて勉強しているかと聞いてみると、一番多いのは「とにかく単語をたくさん覚える」という答えです。単語集のようなもので語彙を増やしていく、それと文法的な知識がないと困るということで、単語と文法を勉強するのです。ところが、学習相談の悩みの中でも、単語はいっぱい覚えた。文法についても問題集をやってちゃんとできている。だけど、なぜか英文解釈になると「わかりません」「点が取れません」となってしまうということが多くあります。そういう人たちの話を聞いてみると、トップダウン処理をうまく使っていないのです。

上にあげるのは、大学入試クラスの難問です。単語の意味はわかっていても、全体の意味がなかなかわからないことがあるという話なので、難しい単語は教えてしまいます。

stage-struck は「芝居狂」で、芝居がすごく好きな人です。**dramatist** は「劇作家」。**wander** は「ぶらぶらとうろつく」という意味です。**act** は劇を演ずること。**cast** は役者。**slack** は「だらける、だらだらとする」。**suspect** は「…ではないかと思う」ということ。よく「疑う」と訳す人がいますが、**doubt** と違って、**suspect** は、「…じゃないかとうすうす思う」という意味なので注意しましょう。あとはそんなにむずかしい単語はないと思いますが、自分で辞書を引いてもかまいません。ここで、皆さんもぜひ訳を考えてみてください。

この例題は高校生に対する個別指導の中で使われたのですが、ある高校生の訳は次のようなものでした。

> 私は芝居狂ではけっしてない。私は彼らの上演されている劇に毎晩さまよっている劇作家を知っている。彼らはそれを見るためにそれをしたといい、役者がだらだらとなっていかない。私は、それは彼らが彼ら自身の話された言葉をしばしば十分に決して聞くことができないからだと疑う。

意味が全然通じない文章ですが、テストしてみるとこういう意味の通じない訳文がすごく多いのです。私も自分が高校2年生くらいのときのことを考えると、「これでも部分点を少しくれないかな」という感じで、ついこんな訳を書いてしまいました。実際には、採点者は、意味の通らない訳を書いても、およそ点数はくれないでしょう。むしろ、少々不正確でも、本質的なところがわかっていると思われる訳には部分点をくれるものです。

正直に言うと、この英文をはじめて見たとき、私もよくわからなかったのです。結局、単語の知識だけよりも、いったいどういうふうな文脈で、どんなふうな筋になっていれば通りがいいかを考えなくてはいけないのです。これを英米系のネイティブの人に見せると「ハッハッハッ」と笑えるのです。皮肉交じりの笑い話になっているわけです。実際、入試問題に出たということは、これだけで一つの独立した話として意味が通じることになっているはずです。ところが、単語の知識があるのにわからないのは、私たちがその意味をうまくつかみとっていないからです。

正しい訳を見てください。日本語になっていれば、笑える人が増えるはずです。

> 私はけっして芝居狂ではなかったが、自分が書いた劇が上演されている劇場に毎晩のようにぶらぶらと立ち寄る劇作家たちを私は知っている。彼らは、役者たちがだらだらとしないように見に行っているのだと言う。しかし、彼らが見に行くのは、自分のセリフが語られるのを何べん聞いても飽きないからだろうと、私はうすうす思っている。

笑い話の解説は野暮かもしれませんが、いちおう補足しましょう。今日はこの劇を書いた作家が来ているということになれば、役者たちはシャキッとする。そのために私は見に行っているんだよ、と劇作家たちは言っている。ところが、それはきっと本心ではなくて、自分の書いたセリフを役者が言葉で言ってくれるのは、何べん聞いても作家にとってはここちよい。原文の“often enough”というのは、十分何回も聞くということです。それに never がついていますから「十分すぎることはない」。要するに「何べん聞いても、自分の書いたセリフが語られるのは飽きない」という意味です。とくにわからない単語があるわけではないのに、なかなかそういうふうな意味にとるのはむずかしい。英語圏の人だったら無理なくわかるのに、です。

ところで、この英文をいきなり出して、すぐわかったという日本人の学生はまずいませんでした。それくらいむずかしいのでしょう。ただ、1人の学生は、サマーセット・モームという作者名を言ったとたんにわかりました。「ああ、そうか」と読み返してみて、「なるほど」とわかったのです。これはトップダウン処理のいい例です。サマーセット・モームがどんな内容の文章を書くかということを、その学生はある程度知っていたのです。わりと権威ある人を皮肉るような内容のエッセイを書きます。だから、劇作家を揶揄するような話じゃないかと思って読んでみると、わかったということです。

英文解釈とは、単語と文法の知識があれば自動的にできるものではなく、英文を手がかりに筋の通った訳をつくりあげる問題解決ととらえるべきです。私たちは、日本語にしても英語にしても、情報を得て内容を理解しようというときには、文脈についての知識とか背景となる知識をフルに使って、どういう話かを推論しているはずです。英語の場合には、私たちは単語の知識が足りないとか、文法の知識が足りないということが頭にあるものですから、ついついそちらに気をとられてしまい、自学習のしかたも、単語と文法に集中しがちになってしまうのではないでしょうか。

私が高校3年生のとき、ある通信添削の解説書におもしろいことが書いてあるのを読みました。「英文解釈が上達したければ、新聞とか雑誌をたくさん読んで常識を豊かにしなさい」と。日本語の新聞や雑誌でいいのです。これは、英語のテストに出るような文章には、ある程度思想的な背景があったり、あるいは時事的な問題がテーマになったりするので、そういう話を聞いたことがあるかどうかで理解度が全然違ってくる、ということです。

たとえば中東戦争についての文章を読むには、西アジアの地理や歴史についての予備知識があれば絶対有利です。そうすれば、中東戦争についての文章が出てきたときに、「ああ、なるほど」とよくわかるのです。私はそれを読んで、確かにそうだと思ったものです。実際に世の中についての知識を身につけることを心がけると、英文解釈の力はずいぶん違ってくるのではないかと思います。

誤った知識が問題解決を妨げる——物理法則の素朴概念

私たちがもっている知識は、うまく使えば役に立つ反面、誤った知識もいっぱいあります。そういうものをもっているために、かえってまちがった推論や判断をしてしまうことがあります。認知心理学では、一般の人びとがもっている誤った知識を**素朴概念**（naïve concept）とか**誤概念**（misconception）と呼んでいます。ここで「素朴な」というのは、「洗練されていない」とか「よく検討されていない」という、よくない意味で使われています。

図3－3（a）を見てください。飛行機が飛んでいます。そこからある物体をポンと落とすと、外から見たときその物体はいったいどんなふうに飛んでいくだろうかという問題の図です。つまり、飛んでいる飛行機から真下に落とすと、落とされたものはどんなふうに飛んでいくかを問うています。答えには、「落とした点のうしろへ落ちる」「落とした点の真下に落ちる」「落とした点より前のほうに落ちる」がありえますが、正解は「前のほうに落ちる」です。放物線を描いて斜め前に落ちます。真下に落ちるという答えも気もちはわかる気がしますね。飛行機から物体を落とすのを上から見ていると、真下に落ちるように見えます。でも、それを外から見たら、放物線を描いて前のほうに飛んでいきます。実際に、アメリカの大学生を解答者にしたところ、「真下」という答えがものすごく多かったという実験結果があります。

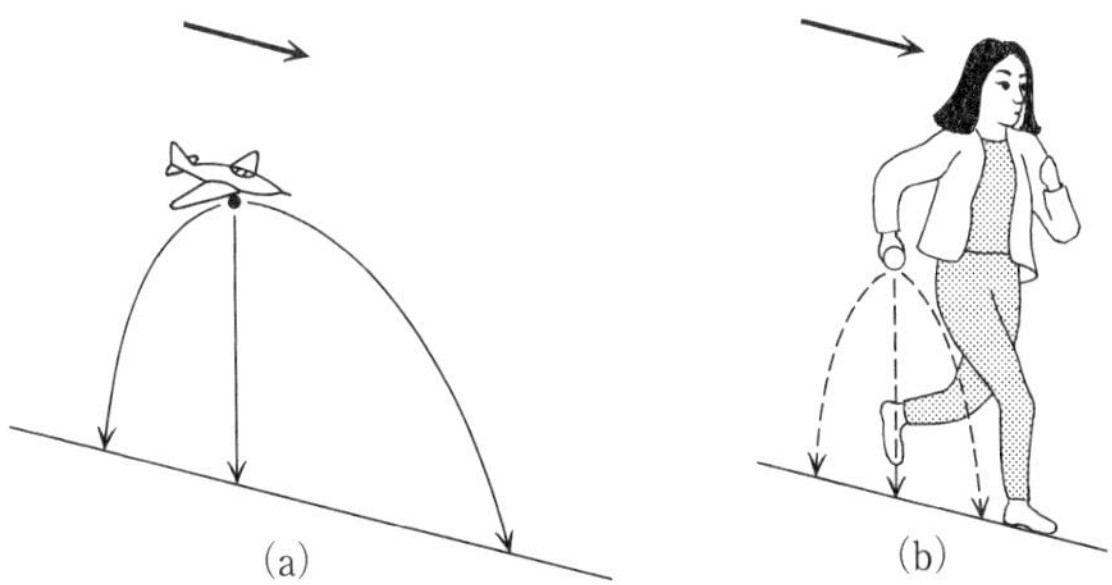

図 3-3　物体を落とす問題．どちらに落ちていく？

そして、飛行機の問題では正解した人でも、図3－3(b)の、走っている人がボールを落としたときにはどうなるかと聞くと、まちがえる人がいます。飛行機が走る人に変わっただけなので、この答えも当然「少し前に落ちる」です。ところが、走っている人になると真下と思ったりうしろと思ったりするのです。「うしろに落ちる」と答えるのは、落ちたときは、自分の体は前に行っているので、うしろに置き去りにしていくように感じるのでしょうか。高さや速さが異なると、まちがえてしまうことがあるのです。

次に図3－4を見てください。ホースのような中空のチューブがクルクル巻かれて、床に水平に置いてあると思ってください。パチンコ玉のようなボールを入り口から勢いよく投げ入れました。グルグルッと回って出てきます。出てきたあと、ボールはどういうふうな軌跡を描いて飛んでいくでしょうか、という問題です。まっすぐ行くのでしょうか。グルグルッと渦巻き状になるのでしょうか。

慣性の法則によれば、何も力が働かなくなれば、物体は

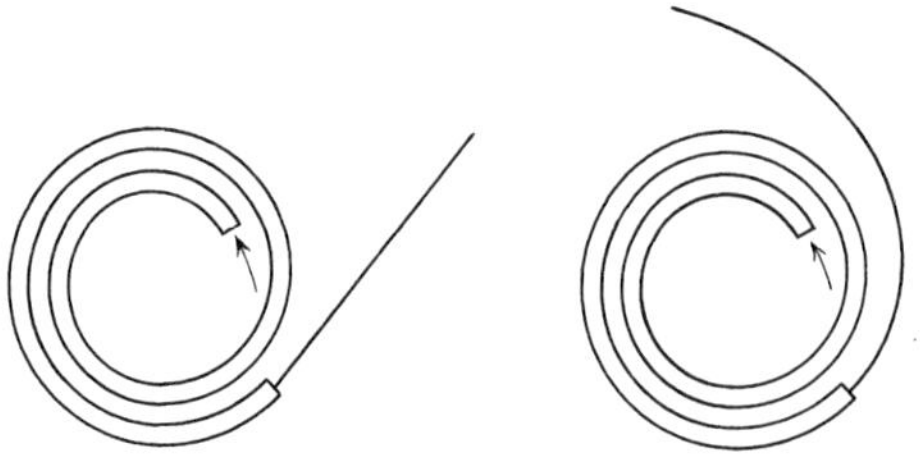

(a)　(b)

図3-4　曲がったチューブの問題．ボールはどのように飛んでいく？

等速直線運動をします。だから正解は（a）の直線になるのですが、あまり正答率はよくありません。図3－5は年齢によって正答率がどうなるかを調べた結果です。これを見ると、大学生でも60％くらいの正答率です。おもしろいのは、就学前の幼稚園の子どもたちも正答率が60％ぐらいでけっこう高いことです。そのあと年齢が上がると、むしろ正答率が落ちてくるという結果が得られています。そして小学校高学年からまた少し上がって、大学生になってやっと就学前と同じくらいになるというのです。

この結果はどう解釈したらよいのでしょう。この実験をしたカイザー（M. K. Kaiser）たちは、「就学前の子どもたちは、似た場面はそんなにないかもしれないが、たとえばホースから水をピューッと出すのを見ているなどの経験を直接覚えている。あるいは、直線というのが一番簡単な答えなので、直線と答えやすいのだろう。ところが、ある程度学年が進むにつれて、力学についての自分なりの素朴な理論をだんだんつくりあげていくのでこのような結果になっ

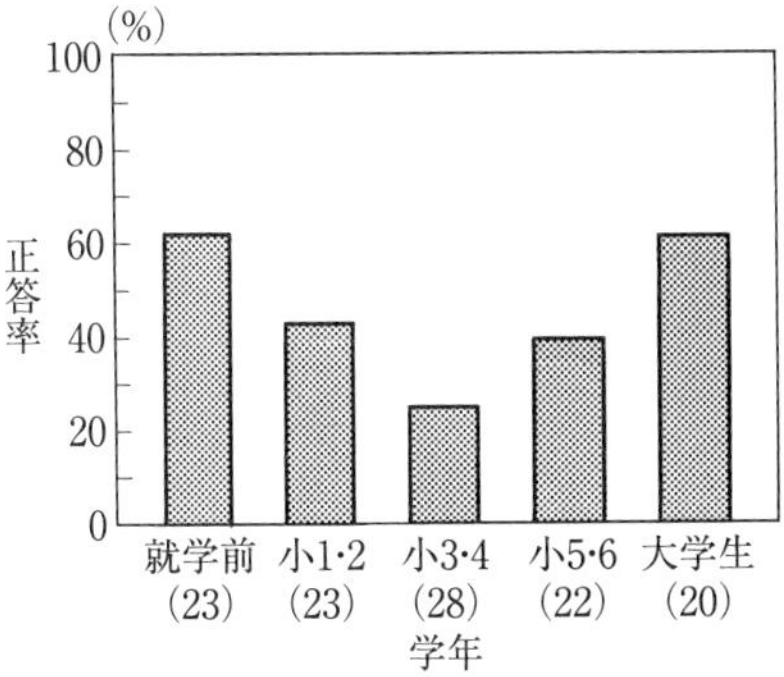

図 3-5　曲がったチューブの問題の正答率. (　)内は実験参加者の数

た」というのです。

私たちがもっている力学についての素朴理論は、物理学者ガリレイが出てくるより前の力学です。アリストテレスとか中世の力学のようなものですね。そこで信じられていた原理は、動いているものは、ある動き方をするような「運動力」を中に蓄えている、というものです。たとえばグルグルと回っている物体は、グルグル回るような運動力を中に蓄えている、何にも力がはたらかなくなると、それをだんだん消費していく、というふうに考えるのです。昔の人は慣性の法則を知らないので、動いている物体は外から力がはたらかなくなれば、だんだんゆっくりになって止まるものだと信じていたのです。それは運動力をだんだん使い果たしていくからだというわけです。

図3－4の問題も、そういう素朴な理論で考えてしまうのでしょう。チューブがあって、むりやり円

運動をしているときは、円運動をするというような運動力が中に蓄えられていき、何にも力がはたらかなくなると、それをだんだん消費していってゆっくり回るようになり、最後には止まる――そんな考え方が、暗黙のうちにあるのだろうということです。実際に中世の人たちは、そういう理論に基づいて力学的な現象を理解していたのです。ここでいうと、小学校3〜4年生くらいで、何も習わなければ、それなりに納得していたわけです。ごく狭い経験から素朴理論をつくり出して、それをほかのところにも適用してまちがえてしまうのです。

いまの例でもそうですが、大学生でも幼児と同じくらいの正答率というと不思議なようですが、幼児がやっていることと大学生がやっていることはだいぶ違います。幼児は素朴概念すらまだつくらずに答えているのです。それが少し成長して自分なりの素朴理論をつくるようになって、そしてさらに物理学を習って修正されて大学生になっているのです。ちゃんと修正された学生は正答しますが、一時的に修正しても、結局はテストのための知識、授業の中だけの知識となってしまった学生は、そのうちすっかり忘れて、大学生になってまたまちがえてしまうということになります。

もう少し、物理学の問題をやってもらいましょう。図3-6に二つの問題があります。(a)は「振り子問題」です。振り子がブラブラと揺れています。二つの●それぞれの位置で、振り子にはたらいている力をすべて書き入れてください、という問題です。(b)は「投げ上げ問題」です。下のA点から物体を投げ上げたとします。いまBの位置にあります。もっと

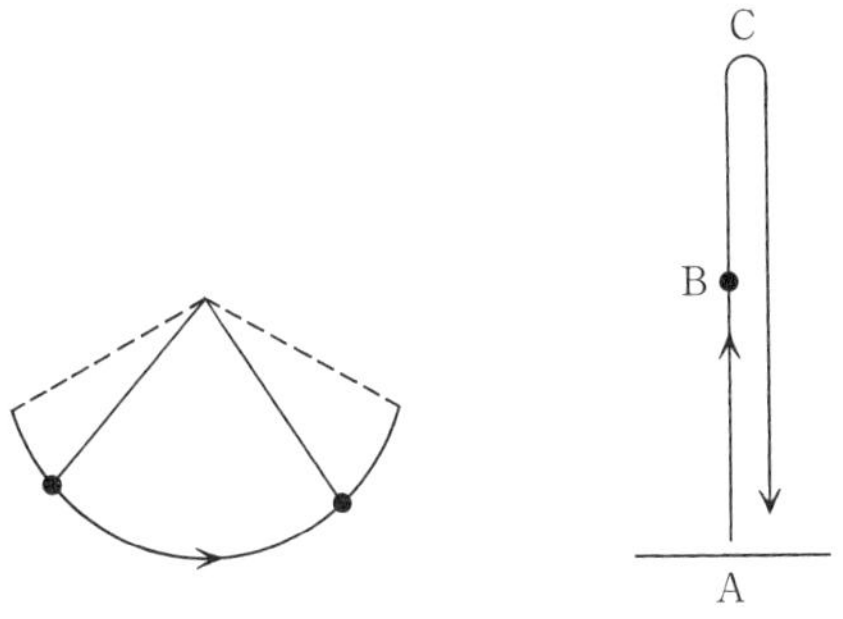

(a) 振り子問題　(b) 投げ上げ問題

図 3–6　物体にはたらく力を矢印で記入せよ
（空気の影響は無視すること）

上がっていって、Cの位置まで行って落ちてきます。投げ上げて落下してくるわけです。Bの位置にあるときに、物体にはたらいている力をすべて書いてください、という問題です。

物理学的な正解は図3－7のようになります。まず振り子問題では、はたらいている力はつねに二つだけです。一つは重力、もう一つは糸の張力です。投げ上げ問題では、はたらいている力はつねに一つで、重力だけです。ところが、高校生や大学生では、図3－8のような答えがけっこう多い。振り子問題で力を三つ描いてしまうのです。重力、張力に加え、右に進んでいるので進んでいる方向に力が加わっていると思ってしまう。真下を通りすぎるとだんだんゆっくりにはなりますが、右のほうにまだ力がはたらいているからこそ右へ行くと考える。四つという答えもありました。だんだん遅くなるのは、逆向きに引っ張る力もあるからじゃないかということで、

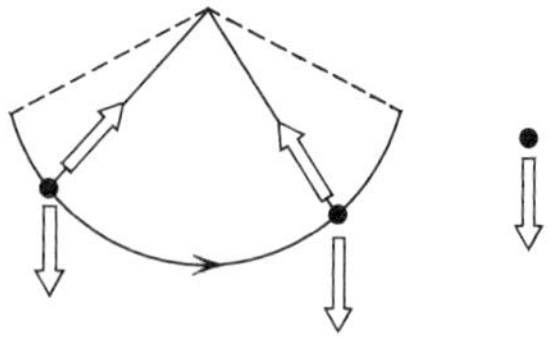

図 3-7　図 3-6 の正答

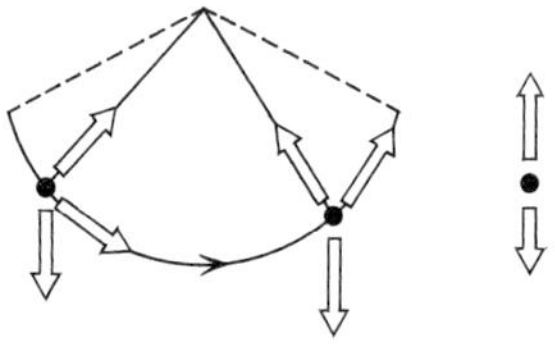

図 3-8　図 3-6 の典型的な誤答

四つの力になるのです。

投げ上げ問題で典型的な誤答は、上向きの力も加わっていると考えてしまうことです。投げ上げて上に進んでいるのだから、Ｂ地点では上向きの力がはたらいているはずだ、上向きの力が重力よりも大きいから上に行くのだというのです。ところが実際は、手を離れた瞬間には上向きの力はもうはたらいていません。力がはたらいていないのに上に行く。一見不思議ですね。でも、物体にはたらいている力といわれたら下向きの重力のみです。

こういうタイプのまちがいは、要するに「運動方向には何か力がはたらいているはずだ」という素朴概念です。直観的には、ついそう思ってしまいます。正しくはこうだということを示す実験結果や、ニュートンの運動の法則という科学的原理を教わっても、たとえば定期テストくらいまでは何とかできるようになっているかもしれませんが、一年もたてばきれいに忘れてしまうということが起こります。生徒たちがもともともっている素朴概念をとらえて、本当に彼らが納得し、定着するような教え方をするにはどうしたらいいかは、学校教育の中でも重要な問題です。また、皆さん自身が学習をするうえでも、ぜひ考えてほしい点です。

正しい知識や経験も邪魔をすることがある——固着と制約

私たちの知識や経験によって得た概念的知識や方略的知識は、仮に正しいものだとしても、いつも役に立つわけではなくて、逆にそういうものが邪魔になってしまうということもあります。少し例をあげましょう。図３-９も心理学で伝統的によく使われる問題で、有名な「水がめ問題」です。それぞれ容量の異なる三つの水がめA、B、Cを用いて、所定量の水にするにはどうすればよいか、という問題です。要するに、三つの水がめを使って水を足したり引いたりして、あるいは何倍かしてもいいですが、たとえば99リットルになればいいわけです。

図３-９①は、Aが14リットル、Bが１６３リットル、Cが25リットル。この三つの水がめを使って99リットルを得るにはどうすればいいか、ということです。けっこうむずかしい

	A	B	C	所定量
①	14	163	25	99
②	9	42	6	21
③	21	127	3	100
④	20	59	4	31
⑤	18	43	10	5
⑥	28	59	3	25
⑦	15	39	3	18

図 3-9　水がめ問題

問題ですが、まずBがあって、そこからCを2杯引いてAを1杯引く、すると残りが99リットルになります。②以下の問題も同様に、BからCを2杯引いてAを1杯引くとできることがわかります。しかし、もっとずっと簡単なやり方でできるものがあります。それなのに、そのことになかなか気がつきません。これが**固着**という現象です。「もっと簡単なやり方があります」といわれても、かえって引っかかってできなくなったり、あるいは簡単なやり方のほうだけでできる問題を出されたときに、それもできなくなってしまったりという混乱が、かなり見られるということが確かめられています。

最初に一定のやり方の問題を解く経験なしに、いきなりやさしい問題を出されていれば、もちろん気がつきます。⑥、⑦は、ふつうだったら一目見ただけでできるようなやさしい問題ですね。Bは使わず、AとCだけでできます。ところが前に特定のパターンの問題を解き続けていると、かえってやさしい問題に当たったときにできなくなったり、

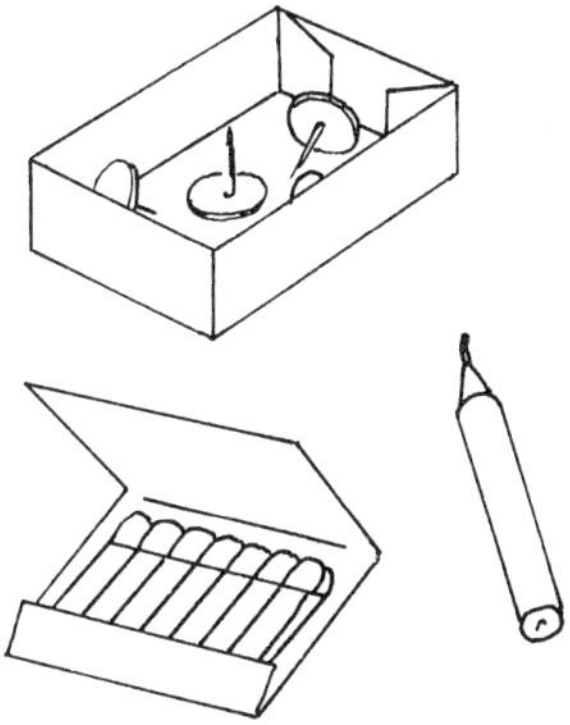

図3-10　ロウソク問題

あるいはいくつかあるうちでもっとも簡単なやり方が選べなくなったりするのです。この水がめ問題は、心理学では、何十年も前に行われた古典的な実験です。決まったやり方に慣れすぎると、ほかのうまいやり方が見つからなくなるという一つの例です。

図3－10を見てください。テーブルの上にロウソクがあります。ほかにはマッチと、画鋲《がびょう》が箱の中にいくつか入っており、背面には壁があります。問題は、このテーブルの上にある道具を使って、ロウソクを地面に垂直になるように壁に立てるというものです。要するに、ロウソクの光で部屋をともしたいんですね。壁にロウソクをつけて部屋を明るくしたい、どうすればいいかという問題です。少し時間をとって、考えてみましょう。

さて、答えですが、まず箱から画鋲を出してしまいます。それからこの箱を、画鋲を使って壁に止めます。そうすると水平の台になります。そこにロウ

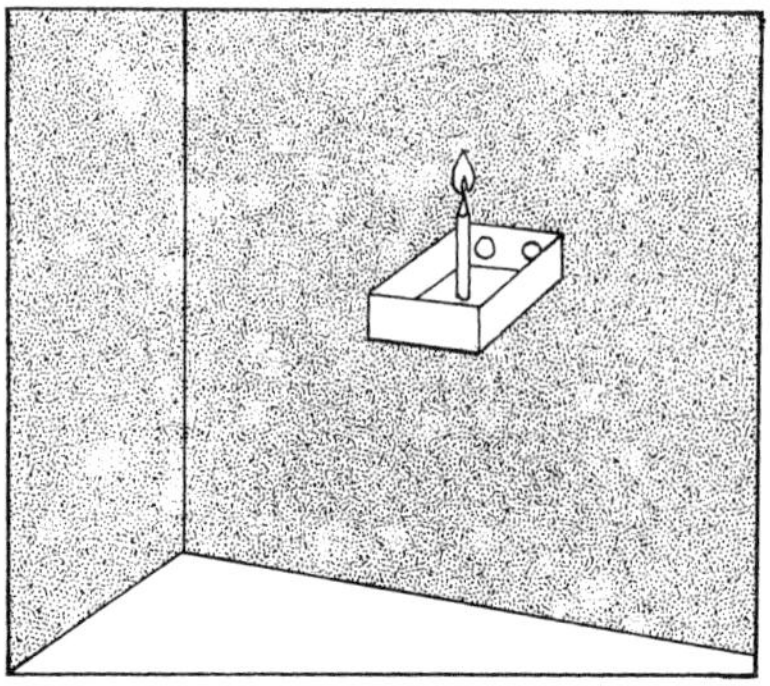

図 3-11　ロウソク問題の正解

をたらしてロウソクを立てる、これが正解です（図3-11）。これを見たとき、私は自分では思いつかなかったので、「なるほど」とすごく感心しました。しかも、さらにおもしろいのは、画鋲を箱に入れずに、外に出してバラバラにして出題したほうが早く解決されるという実験結果です。画鋲が箱の中に入っていると、なかなか解決ができないというのです。それはなぜだと思いますか。

　私たちは、画鋲が箱の中に入っていると、「箱というのは画鋲の入れ物なんだ」と考えます。入れ物としての機能をもっていると考えると、それを台にするというアイデアはなかなか思い浮かばないのです。入れ物としてではなく、単に一つ箱がポンと置いてあると、これを台にするという考えが浮かびやすい。「箱というのは入れ物なんだ」という私たちがもともともっている知識、一種の固定観念が**制約**となって、かえって問題解決を妨げてしまうというわけです。箱というのは、入れ物にもなるけれども、台としても使えるというようなことに思い至らない。そういう例として出されている実験です。

いまの水がめ問題とロウソク問題は、私たちがほかの知識をもっていたり、経験を積んでいたりすることが、かえってある問題を解決するときの妨げになることもあるという例として紹介しました。うまくいく場合にしても、妨げる場合にしても、私たちのもっている知識が、解決にいろいろな影響を与えているのだということが、わかっていただけたでしょう。

失敗経験から教訓を引き出す

私たちは、「問題が解けるようになりたい」「すらすらと問題が解けるようになったら、さぞかしいいだろうな」と思いますが、いったいどうしたら、すらすらと問題が解けるようになるのでしょうか。簡単にできれば苦労はいらないですね。ではどうすればいいかということを、とにかく考えてみましょう。一つには、問題スキーマをどれだけ豊富に蓄えていて、うまく呼び出せるかということです。しかし、ただ漫然とたくさん問題を解いているだけでは、なかなか問題スキーマはできません。

次の、認知心理学でよく使われる問題を解いてみてください。実は40年ぐらい前から実験でよく使われる問題で、これを材料にした研究は今でも続いています。

おなかの中に悪性の腫瘍ができてしまって、何とか治療しなければいけない。そのためには放射線を当てて治療するという方法がある。ところが、強い放射線を直接に患部に当てようとすると、途中の正常な部分もその放射線でやられてしまう。では、いったいどうやって治療したらいいだろうか。

これは「放射線問題」と呼ばれています。簡単なようでけっこうむずかしいです。実際、正解を出せる人は、なかなかいません。答えは、弱い放射線をいくつかの方向から当てて、ちょうど腫瘍のところで合うようにする。これが現実の医療場面でも使われているいいアイデアのようです。つまり、腫瘍のある患部で放射線が集中するようにするのです。

この問題が認知心理学の中で実験材料として使われるのは、どうやったらこの問題が解けるようになるかを調べるためです。そのために、いろいろな心理学者が手をかえ品をかえ実験をしてきました。類似の問題を解いたときの経験的知識があれば、その知識をうまく使ってこの問題を解くことができるのではないかと考えられます。これは**類推**(analogy)といわれています。ところが、類推はなかなかうまく起きないものです。かつてなされた実験では、似たようなタイプの問題を先にいくつか解かせておき、そして、放射線問題に応用できるかどうかをみました。

たとえば「消火問題」があります。ある部屋の中に発火物があって、そこからまわりがぼうぼう燃えています。その部屋の四方には窓があります。ところが、消火剤を勢いよく一方向から入れると窓枠もろともこわれてしまいます。部屋がこわれたら元も子もありません。いったいどうしたらこの火を消すことができるでしょうか。一番いいやり方は、この四方の窓それぞれから消火剤を少しずつ入れて、火が燃えているところでちょうど合うようにする、というものです。こういう問題を解いた経験が過去にあれば、さっきの放射線問題が解けるかというと、それがなかなか類推できないのです。

似たような問題で「要塞問題」もあります。ある町に敵の要塞があって、なかなか攻め落とせません。これを攻め落とすためには大部隊を送り込まないといけない。要塞のまわりには道がいっぱいあるけれども、大部隊が通ると地雷が爆発するようになっていて、なかなか大部隊を一方向から通すことができません。どうすればいいでしょうか。これもうまいやり方は、大部隊をいくつかに分けて、小部隊にして四方八方から送り込んで、真ん中の要塞のところで集結して攻め落とすのです。この問題を前に解いた経験があると、先ほどの放射線問題が解けるかというと、これもなかなかうまくいかないのです。

ジックとホリオーク（M. L. Gick & K. J. Holyoak, 1983）という認知心理学者の行った実験では、うまく類推できた場合が二つあるといいます。一つは、はっきりと「これをヒントにして解きなさい」と言うことです。たしかに露骨にヒントと言われれば、答えに気がつくでしょう。もう一つうまくいくのは、あらかじめ、消火問題と要塞問題を両方解かせておき、自分が解いた問題はどんなタイプの問題だったと思うか、自分なりのまとめをつくらせるのです。うまいまとめ方をした人が、次に放射線問題を与えられたときにうまく類推できたというのです。たとえば、「一方向から強い力が加えられないときには、小さな力に分けて集めればよいのだ」というようなまとめ方です。これは一つのスキーマをつくったことになります。

　私たちが問題を理解して解くときは、一つは問題スキーマをどれだけ豊富に、しかも使えるような形でもっているかどうかが大切です。またスキーマには方略的知識、つまり「こういう問題だったらこうやって解けばいい」という方略がくっついていることが多いのです。ただ大事なことは、そういう方略というのは、それ自体を言葉で覚えていてもだめで、使えるようにならないと意味がないということです。だから、やっぱり練習をすることは大切です。やみくもに数をこなすのでは効果がうすいのですが、方略を意識した上で練習していくことは必要なのです。また、将来的には、まだ答えがわかっていないし、方略もわからないという問題を扱うわけですから、そういう問題を解くときに自分なりに方略をつくっていく力も必要になってきます。

　そこで、問題解決の経験から教訓を引き出すという意味で、私は、**教訓帰納**（lesson induction）という言葉を使っています。これはいかめしい言葉で、しかも一般的な心理学の専門用語ではなかったのですが、私たちが学習相談の研究会をやっている中で、20年以上前から便利に使われている言葉です。帰納というのは、個々の具体的な経験から、一般的なルールを引き出すことです。要するに、問題を解いたとき、あるいは解けなかったとき、どういう教訓をそこから引き出してくるかが重要なのです。これをするかしないかで、学習がスムーズに進むかどうかが全然違ってくるということです。自分の思い違いや、自分のしやすいミスに気がつくことも、やはり教訓になります。テストが返されたとき、問題集をやっているとき、失敗や減点はつきものですが、そのときこそ、教訓を引き出し、次に生かせる知識が生まれるチャンスなのです。

■ 勉強法に生かすには――数学は暗記科目か

本章では、問題解決における知識の役割をずいぶん強調してきました。知識を強調するというと、「じゃあ、数学も暗記科目なのか」とか「数学の勉強は、結局は公式と解法の暗記なのだ」ということを言う人が出てきます。巻に出ている本を見ると、公式の暗記よりは解法の暗記を重視するものが多いようです。公式の暗記はだれでもある程度やるでしょうが、もちろん公式を暗記しただけでは問題は解けません。そこで、大事なことは解き方をいっぱい暗記することなのだということを書いた本が、けっこうあるようです。大学生に聞くと、受験のときにそういう本を読んできたという人がかなりいます。ためになったという人もいますし、逆にああいうやり方は嫌いだという人もいます。

認知心理学でいう知識の役割をもとに、皆さんなりの考えをもってくれるといいと思います。認知心理学的な考え方というのは、確かに、数学の問題を解くにも知識は必要だ、ということです。よく、数学が得意な人がいうように、「数学は知識じゃない、センスがあれば解けるんだ」というのは、おそらく本当ではないと思います。もちろん、センスのよしあしはありますが、センスだけでは数学の問題は、まず解けるようにはなりません。数学はセンスだといっている人も、相当たくさんの問題を解いた経験があり、知識を蓄えているはずです。

ただ、その知識というのは、いわゆる解法の丸暗記的な知識ではなく、第1章でも述べたような、構造化された知識です。私たちの知識は、単にバラバラの事実を覚え込んでいるわけではありません。数学についていえば、いろいろな解法をただバラバラに頭に記憶したのでは、なかなか実際に応用がきかないし、使えるようにもなりません。ある程度抽象化した問題スキーマにしたり、スキーマ同士の関連をつかんで構造化することが大切になってきます。数学が得意な人は、これを無意識的にやっているのでしょう。そういう人にいわせると、「数学は暗記じゃない、知識じゃない」という議論が出てきますが、実は、質の高い使える知識をもっているということです。

逆に、「数学は暗記科目だ」という言い方をする人は、「たくさん解いてやり方を覚えればだれでも数学ができるようになる」ということを、強調しすぎているように思います。それを信じて、たくさんの問題の解法を覚えようとしても、実際には、応用がきく人ときかない人がいるわけです。スキーマをうまくつくることを、自分の数学の学習の中で積極的にどれくらい行うかが大切になってきます。

うまい問題スキーマをつくりあげて、しかも、それを使えるという状態になったときには、それまでの経験を生かした問題解決ができそうだということがわかります。では、私たちがふだん勉強しているときに、うまく問題スキーマというのが経験の中からつくられるだろうかというと、それは「生徒による」といわざるを得ません。たとえばやみくもに、とにかくたくさん問題を解く生徒がいます。「今日は数学の問題を10題解きました」とか「いつも1日10題解いています」という生徒もいるでしょう。たしかにたいへんな努力ですが、たくさん解くだけで問題スキーマがうまくできるかというと、そうとはかぎりません。

もう少し具体的にいえば、「問題を解きっぱなしにしてほしくない」ということです。一つひとつの問題を解いた中で、とくに最初はうまく解けなかったとき、どんなふうにそこから教訓を引き出すかということです。○×をつけてそれっきりにしないで、×だったものは、なぜ解けなかったのかを考えて、自分の解答の近くに簡単に書いておくといいと思います。「この問題ではこんなところが大事だった」「こういう問題はこんなふうにすればうまく解けた」というようなことを、メモのように書いておくのです。

学習相談に来る生徒に、ふだんの勉強方法を聞くと、一度解いた問題は二度と見ない、という中学生や高校生がかなり多いです。要するに、○×をつけたら二度とその問題は見ない、というのです。これは非常にもったいないことです。とくに、×になった問題ほど「なぜ×

になったのか」「なぜできなかったのか」を考えて、次に生かすようなメモを残し、ときどきちらっとでもいいからそれを見返すだけでも、ずいぶん学習の効果が違ってくると思います。

4 やる気の出るとき、出ないとき

外からのやる気、内からのやる気――内発と外発

心理学では勉強や仕事への意欲、いわゆる「やる気」の問題を、**動機づけ**(motivation)として扱っています。モチベーションというのは、いまはもう日本語としてもよく使われるようになっていますね。もともと動機(motive)とは、私たちが行動するときの心理的な理由のことをさします。入学試験の面接では、「本校を受験した動機は何ですか」などと聞かれますね。動機の背後にある人間の基本的な欲求が動機づけということになります。また、**motivate**という動詞は「動機づける」という他動詞として、人をやる気にさせるときにも使われます。「あの先生は、生徒を動機づけるのがうまい」というような使い方をします。

動機づけには、外発的なものと内発的なものがあるとされています。19世紀末から20世紀半ばまで主流であった**行動主義心理学**という立場では、動物も人間も基本的には同じ原理で学習をすると考えられていました。動物が何か芸を覚えるのも学習の一つです。学習させる

ときに不可欠の要素は、望ましい行動をとればエサなどの賞(報酬)を与え、望ましくない行動をとれば罰を与えることです。つまり、動物は生まれたときにもっている本能的行動だけではなくて、外から賞罰を与えられることによって新しい行動を身につけていく、これが学習ということになります。それによって、それぞれの環境に適応した行動がとれるのです。人間の場合であれば、直接的なごほうびだけでなく、親や教師からの賞賛なども賞になります。賞をもらえるように、あるいは、罰をもらわないように、ということでやる気が出るというのです。一般に、生理的欲求、社会的欲求など、他の欲求を満たすための手段として喚起される意欲が**外発的動機づけ**と呼ばれるものです。

それに対して、１９５０年代ごろから強調されるようになったのが、**内発的動機づけ**です。これは、他の報酬を得るための手段としてではなく、学習それ自体を目的とするような欲求のことです。私たちが何か学習しようとするのは、けっして報酬をめあてにしているときばかりではありませんね。たとえば、新しい刺激や情報を求めるという**知的好奇心**、ものごとの原因・理由や知識同士の関連を知りたいという**理解欲求**、技能に習熟してうまくできるようになりたいという**向上心**などをあげることができます。

内発的動機づけは、進化の系統の中で高次にある動物に備わった欲求といえそうです。昆虫でも、どこに行けばエサがあるかを学習することができます。ネズミでも、試行錯誤しながら迷路を速く通り抜けるような学習をします。イヌが「お手」と言われて手を出すように

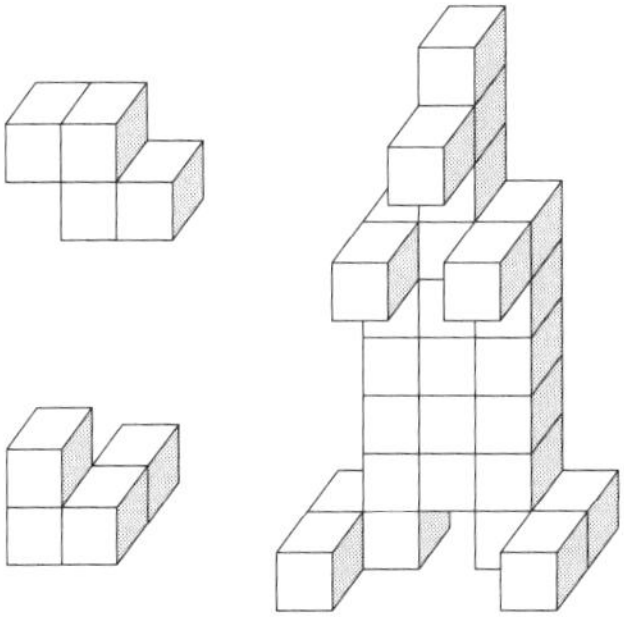

図 4-1　デシが実験に用いたソマパズル

訓練するのも学習です。ただし、報酬があるからこそ、学習しているのです。ところが、チンパンジーとなると、自発的に真似をしたり、新しい遊びをしたりします。それはまるで、学習すること自体を楽しんでいるかのようです。

　さらに、もともと内発的に行っている行動に、むやみに報酬をともなわせると、かえって内発的な意欲が低下してしまうことがあり、これは内発的動機づけの**減退効果**（undermining effect）と呼ばれています。ハーロー（H. F. Harlow, 1950）という心理学者は、チンパンジーが内発的に行っていた知恵の輪パズルに、解けたら報酬を与えるような経験を与えると、報酬がもらえない条件に戻したとき、そのパズルをやらなくなってしまうということを見出しました。

　デシ（E. L. Deci, 1971）は、大学生がおもしろがって行うソマパズル（図４－１）というゲームを使って、同様の結果を示しています。「報酬群」の大学生たちにはパズルを解けるごとに金銭的報酬を与えることにし、「無報酬群」の大学生には解けても報酬を与えません。その後、自由にすごしてよい休憩時間にどれくらいこのパズルを行うかを観察したところ、報酬群の学生たちは、自発的にこのパズルを行う時間が明らかに少なくなってしまったのです。もともと興味をもって行っていた課題が、報酬をもらう経験によって手段化してしまうと、「報酬がないならやる気がわかない」という状態になってしまうようです。

外からの報酬というのは、学習にとって両刃の剣のようなものです。報酬がなければ、そもそも学習しようという気にならないという面があります。しかし、一方では、せっかく内発的な興味から学習している生徒に対して、むやみに報酬を与えると、「学習するのは報酬がもらえるからだ」「報酬がないなら学習しない」というふうになってしまう危険性もあるということです。「テストでいい点をとったらお小遣いをあげる」「受験で受かったらバイクを買ってあげる」といって、なんとか子どもが勉強するよう仕向けていると、勉強それ自体をおもしろいと思って続けるようにはならないかもしれません。では、学習に伴う報酬はまったくないほうがいいのでしょうか。それを、この章ではさらに考えていきましょう。

なんで勉強するの？——学習動機の2要因モデル

内発と外発の動機づけは、心理学のどの教科書にも出ているような、もっとも基本的な動機づけの分類です。しかし、生徒が学習する動機は、単純に内発と外発の二分法で割り切れるものではありません。そこで、もう20年くらい前のことになりますが、私は大学1年生に対して、それまでの学習経験を振り返ってもらい、「人はなぜ勉強するのか」「自分の場合はどうか」という学習の動機や目的を自由に思いつくだけ書いてもらいました。皆さんも、自分でまず「人はなぜ勉強するのか」をいくつか思い浮かべてみてください。

　学生の記述を収集してみると、表4－1のようにさまざまなものがあがってきました。心理学では、こうしたデータを集めると、構造化、モデル化することを考えます。生徒が学習するのと同じように、個々バラバラの情報をわかりやすく整理して関連づけ、さらに理論的な裏づけをするのが心理学のやり方です。構造化の一つの方法として、軸をつくってその中に位置づけるという手があります。そこで、さまざまな学習動機を分類して2次元に構造化したのが図4－2の**2要因モデル**です。学習動機を大きく六つに分類した上で、学習による直接的な報酬をどの程度期待しているかを横の次元、学習内容そのものをどの程度重視しているかを縦の次元として、六つの動機を位置づけたものです。従来の内発、外発という軸はこの図の斜め軸にあたるものです。つまり、内発の典型が充実志向で、外発の典型が報酬志向ということ

表4-1　自由記述によって得られた学習動機の例

受験や資格のため，しかたなく
学歴や地位を得ようとして
親や先生にやらされている
勉強ができると優越感があるから
他人に負けたくないから
みんながやっているので，なんとなく
先生が好きだったから
やらないとあとで困ることになるから
将来の職業に必要な知識が得られる
頭の訓練として
学習のしかたを身につけるため
好きな勉強はそれ自体おもしろいから
わかる楽しみがあるから
充実感が得られる
………

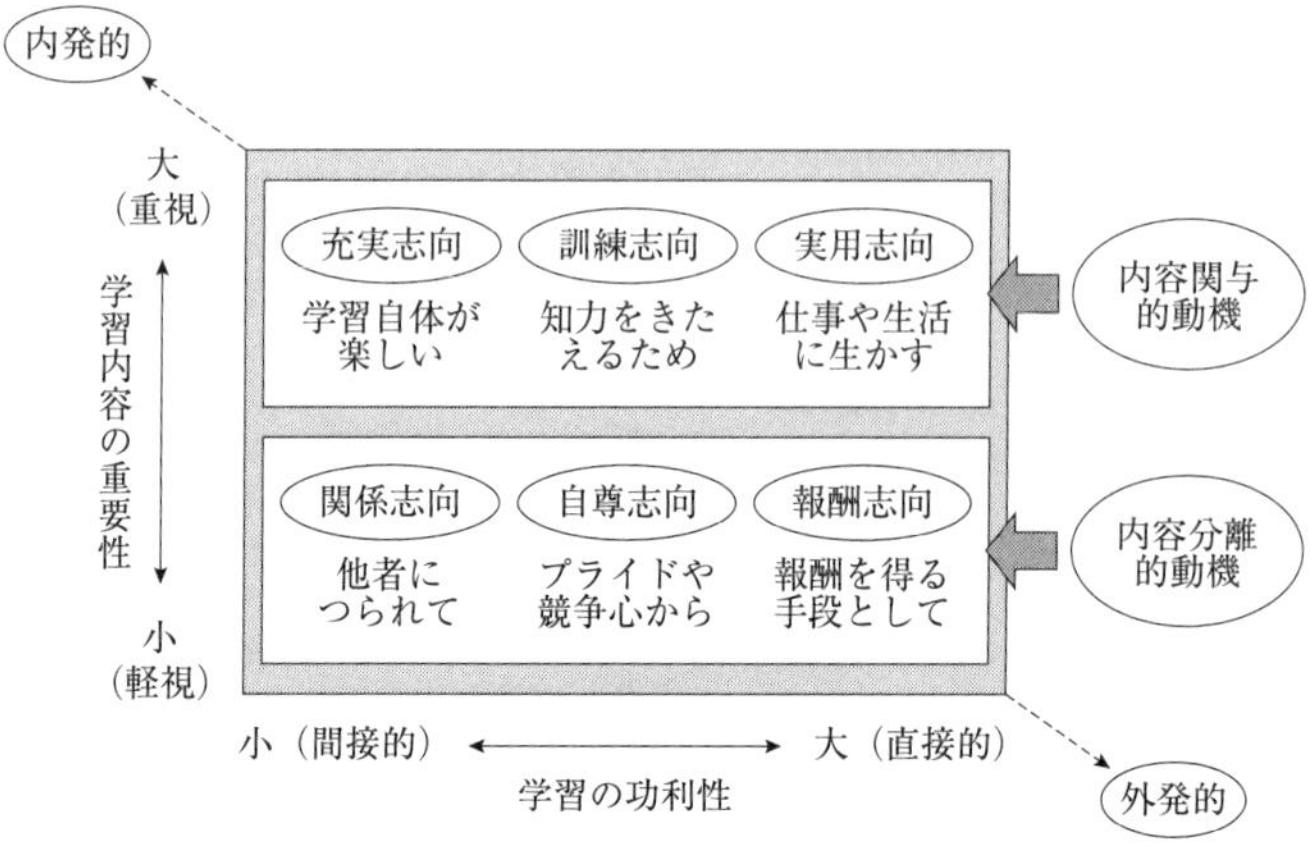

図 4-2　学習動機の 2 要因モデル

になります。

ひとまずこういう分類ができると、心理学では、それぞれの動機の強さを測るための質問項目をつくって得点化するということをよく行います。表4－2は、その項目例です。自分でもやってみてください。一つひとつの項目につき、自分によくあてはまると思えば5点、まったくあてはまらないと思えば1点で、1点きざみの点数をつけていきます。それぞれの動機の6項目についての平均点が、あなたのその動機の強さになります。別に、正答・誤答や、よしあしがあるわけではありませんから、気軽に、素直につけてみてください。

私はこういうデータをこれまで何千人ととってきました。それを分析してみると、図4－2の上の三つの動機は相互に相関が高く、まとめて**内容関与的動機**、下の三つも相互に相関が高

表 4-2　学習動機を測定する質問項目

充実志向	新しいことを知りたいという気もちから
	いろいろな知識を身につけた人になりたいから
	すぐに役に立たないにしても，勉強がわかること自体おもしろいから
	何かができるようになっていくことは楽しいから
	勉強しないと充実感がないから
	わからないことは，そのままにしておきたくないから
訓練志向	勉強することは，頭の訓練になると思うから
	学習のしかたを身につけるため
	合理的な考え方ができるようになるため
	いろいろな面からものごとが考えられるようになるため
	勉強しないと，筋道だった考え方ができなくなるから
	勉強しないと，頭のはたらきがおとろえてしまうから
実用志向	学んだことを，将来の仕事にいかしたいから
	勉強したことは，生活の場面で役に立つから
	勉強で得た知識は，いずれ仕事や生活の役に立つと思うから
	知識や技能を使う喜びを味わいたいから
	勉強しないと，将来仕事の上で困るから
	仕事で必要になってからあわてて勉強したのでは間に合わないから
関係志向	みんながやるから，なんとなくあたりまえと思って
	友達といっしょに何かしていたいから
	親や好きな先生に認めてもらいたいから
	まわりの人たちがよく勉強するので，それにつられて
	みんながすることをやらないと，おかしいような気がして
	勉強しないと，親や先生にわるいような気がして
自尊志向	成績がいいと，他の人よりすぐれているような気もちになれるから
	成績がよければ，仲間から尊敬されると思うから
	ライバルに負けたくないから
	勉強してよい学校を出たほうが，りっぱな人だと思われるから
	勉強が人なみにできないのはくやしいから
	勉強が人なみにできないと，自信がなくなってしまいそうで
報酬志向	成績がよければ，こづかいやほうびがもらえるから
	テストで成績がいいと，親や先生にほめてもらえるから
	学歴があれば，おとなになって経済的に良い生活ができるから
	学歴がいいほうが，社会に出てからもとくなことが多いと思うから
	勉強しないと親や先生にしかられるから
	学歴がよくないと，おとなになっていい仕事先がないから

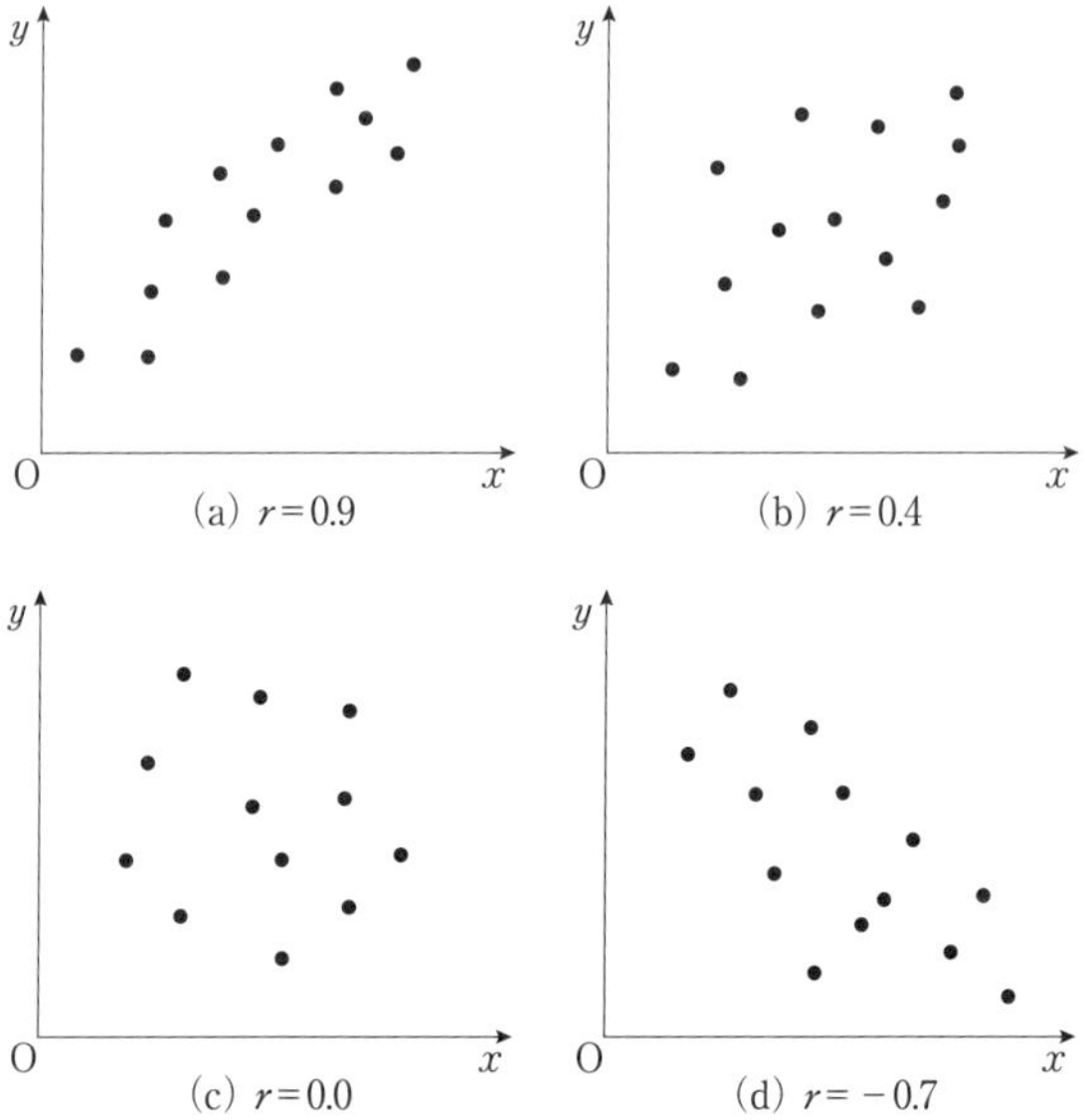

図4–3　いろいろな相関関係

く、**内容分離的動機**と名づけました。

相関(correlation)というのは、心理学、社会学、経済学などでよく使われる統計用語です。図4-3のように、二つの変数x、yの一方が高くなると、もう一方も高くなるという傾向があるとき、正の相関があるといいます。(a)のようにその傾向が高い(強い)ときもあれば、(b)のように低い(弱い)ときもあります。**相関係数**という値が考案されていて、相関の高さに応じて、-1から$+1$までの値をとります。相関係数0というのは、相関が見られない場合(c)、相関係数がマイナスというのはxが大きくなると、yが小さくなる傾向がある場合です(d)。

個々の学習者はさまざまな学習動機をもっていますが、どれが強いかは個人差があります。また、学習動機の個人差は教師の間にもあり、教師の学習動機と生徒の学習動機がうまく一致していないと、教師が生徒の興味・関心を高めようとしてせっかく用意した教材や課題が、生徒によってはあまり受け止められないことにもなります。また、教育関係者は一般に、内容関与的動機にあたるものを「好ましい動機」としてとらえがちですが、学習への意欲を失った生徒や低学年の児童に、いきなり充実志向や訓練志向をもつように言っても、すぐにもてるわけではありません。むしろ、関係志向、自尊志向、報酬志向などの内容分離的動機から入り、しだいに内容関与的動機が芽生えてくるような柔軟な配慮が必要になるのです。

「やる気が出る／出ない」のしくみ——随伴性認知と実行可能性

「やる気」というのは、人間のもつ三つの心的要素である「知情意」（知性と感情と意志）でいえば、意志的なもののように思えますが、実はその人のものの見方、すなわち認知に基づいているという考え方があります。たとえば、アトキンソン（J. W. Atkinson, 1964）の**期待・価値理論**では、動機づけは、期待と価値の積によって決まると考えます。ここでいう期待とは、どれくらいの確率で求める対象が得られそうかという見込みであり、価値とは、その対象が自分にとってどれくらい有益であるかという評価のことです。たとえば、志望校をめざして受験勉強をしている生徒が、どれくらいやる気になるかは、受かる見込みがどれだけあるかということと、その志望校がどれくらい魅力的であるかの両方の強さで決まります。積ということは、どちらかがほぼゼロであれば、一方だけが高くても意欲は湧いてこないということです。

さて、その期待、つまり見込みですが、それは自分が努力すれば目標が達せられるという経験をどれくらい積んできたかによるでしょう。やれば成功するし、やらなければ失敗すると思っているかどうかです。これを行為と結果の**随伴性の認知**といいます。成功するか失敗するかが、自分の行為と無関係に生じるのであれば、やる気をもって取り組めそうにありません。

セリグマン（M. E. P. Seligman）らの**学習性無力感**（learned helplessness）の研究は、自分の行動と結果が随伴しないことを学習してしまうと、動物でも無気力になってしまうことを示しています。たとえば、図4-4（a）のように、足から電気ショックが与えられたとき、ボタンを押すなどの適切な行動をとれば、電気ショックが止まるような装置のある部屋にイヌを入れておきます。これは、通常の学習の状況で、イヌは試行錯誤しながら、ボタンを押して電気ショックから逃れるようになります。次の学習場面では、電気ショックが来たときに、仕切り板を飛び越えて別の部屋に移動すれば、逃れることができます。これもまたイヌは学習します。

しかし、セリグマンらの実験では、もう一つの条件として、図4-4（b）のように、第一

(a) 無気力にならなかったイヌ

(b) 無気力になってしまったイヌ

図 4-4　学習性無力感の実験（奈須，2002 を改変）

の学習場面で、イヌがどのような行動をとっても電気ショックから逃れられないような状況にしておきました。いずれ電気ショックは止まるのですが、これは、イヌの行動とはまったく関係がありません。すると、イヌは、甘んじて電気ショックを受けるだけの状態になってしまいました。しかも、そのイヌは第二場面で、今度は逃れる手段が与えられているにもかかわらず、試行錯誤的に行動することをせず、あきらめてしまったかのように電気ショックを受け続けるだけになってしまいました。これは、行動と結果の随伴しないことが第一場面で学習され、さらに第二場面でもやる気を出さなくなったものと考えられます。

「学習性」というのは、「学習することに対して無気力になる」という意味ではなく、原語にも“learned”とあるように、「学習された無力感」ということです。つまり、無力感は先天的なものではなく、「やってもどうせだめだ」という経験を通じて後天的に獲得されたものだというわけです。

それでは、「やればできるはずだ」という認識さえあれば、やる気が出るでしょうか。バンデューラ（A. Bandura）の提案した結果期待と効力期待という考え方にも触れておきましょう。**結果期待**（outcome expectancy）とは、自分がある行動をとればよい結果が得られるだろうという期待のことで、随伴性の認知にあたります。一方、自分はそのような行動を実際にとれるかという期待が**効力期待**（efficacy expectancy）といわれるものです。

たとえば、1日8時間勉強すれば必ず合格するだろうという結果期待をもっていても、自分が1日8時間勉強するという見込みがもてなければ、効力期待は低いことになります。その場合、「やれば成功するはずだが、とてもやれない」と感じてしまえば、やる気にはつながりません。勉強の計画を立てるときも、「これをやればいい結果になる」という確信をもてる内容にすると同時に、「これなら自分でもできそうだ」という実行可能性の高いものにしないと、やる気は湧いてこないわけです。

やる気の出し惜しみ——セルフ・ハンディキャッピング

動機づけの認知理論というのは、ある意味では、私たちは無意識のうちに冷静な判断をして、無駄なやる気を出さないようにする心のしくみを描いているように見えます。学習性無力感というのも、どうせ何か行動しても結果に反映されないならば、するだけ無駄だということを学んでしまったということです。問題は、それがあまりにも一般化されて、結果に反映される状況になっても行動してみることをやめてしまったことです。それならば、行動の随伴性も実行可能性も、ある程度認知しているならば、人間は必ずやる気になるでしょうか。実は、ここでもまた、不思議な心のメカニズムがあって、そうとは言い切れないのです。

いま、ここに、中学校までは成績がよかったのに、高校生になったら勉強する気がなくなってしまったM君という生徒がいたとします。自分でも、頭は悪くないと思っているし、親からも「あなたは、やればできる子なんだから」といつも言われています。「学校の勉強なんて、何の役に立つのかわからない。人生にとって必要なこととは思えない」と言いつつ、ついつい音楽を聞いたり、マンガを読んだり、ゲームで時間を費やしたりしてしまいます。結果的に、成績は低迷しており、大学受験を考えると少しはあせりもありますが、どうもやる気は出てきません。

このM君の状態を、皆さんが親や先生だったら、どのように理解し、対処するでしょうか。心理学者だったらどうでしょう。また、皆さん自身がM君なら、自分の状態をどう解釈して対応策を考えますか。

もちろん、これだけの様子から、確定的なことが言えるわけではありません。しかし、心理学的に見るということは、単純に本人の言っていることを真の理由と考えて真正面から対応するだけでなく、本人も意識していない理由を可能性として考えてみるということでもあるのです。本人は、「勉強が何の役に立つのかわからない」と言っているので、それに応じて「勉強がいかに役に立つものかを伝えて説得する」というのが、真正面からの対応です。それも一つの方法であり、うまくいくかもしれませんが、多分に疑問もあります。M君が「将来の役に立たないとやる気が出ない」というのなら、音楽やマンガ、ゲームにもやる気が出ないはずです。

ここでの、心理学的な一つの解釈は、M君は、**セルフ・ハンディキャッピング**(self-handi-capping)をしているのではないか、ということです。無意識のうちにやる気を控え、仮に成績が悪くても「自分は本当は頭がいいのだけれど、勉強しなかっただけだ」という言い訳を用意しているのではないかというわけです。なぜそんなことをするのでしょう。それによって、自分の自尊心やプライドを維持する、あるいは、人からの評価を損なわないようにするためです。

人間には、自分の価値や能力を高く保っておきたいという欲求があります。すると、もし失敗してそれらが脅かされるかもしれないという可能性があると、わざわざ自分にハンディを課して、そのせいにするという予防線をはっておくことがあります。これがセルフ・ハンディキャッピングです。「試験前なのに、勉強していなかった」というのは、明らかにそうしたハンディになりうるわけです。

こういう状態になると、なかなかやっかいです。まず、本人はあまり自覚していません。勉強しなければ内容がわからなくなり、成績も下がってきますから、次に失敗する可能性がますます高くなります。すると、自信がないのでますます勉強しなくなる。一種の悪循環です。そのうちに、わからないことがたまってしまい、「本当にやらなくては」と思ったときには、手のつけようがなくなっているかもしれません。

「やらなかったからできなかっただけだ」「やればできたはずだ」と思いこんでいる状態というのは、努力しなくても自尊心や評価が保てる状態なので、ある意味、居心地がいいのです。セルフ・ハンディキャッピングは、「自尊心を守るための心のメカニズム」ではありますが、それを続けていると、いずれ、自尊心も評価も失うときがやってきます。勉強にしても、スポーツにしても、楽器演奏にしても、普段の練習の蓄積の上に成り立っているものです。どこかで悪循環を断ち切らなくてはなりません。そのきっかけは、いたるところにあるはずです。学習動機の2要因モデルでいえば、関係志向でも、報酬志向でも、どの動機でもいいので、とにかくやってみることです。やってみたら、できるようになった、おもしろくなった、という経験をつかむことが重要です。

■勉強法に生かすには——自分の学習意欲をどう引き出すか

動機づけの理論から見たときに、学習意欲がどのように育まれるか、あるいは逆に損なわれてしまうかを考えてみましょう。まず、内発的動機づけの視点からすると、知的好奇心、納得感、達成感、進歩の実感などが満たされなければ、およそやる気になれないでしょう。教師としては、児童・生徒に応じたやりがいのある内容・課題を用意することが不可欠ですが、自分でもそうしたことを見つけること、また、はじめはおもしろくなさそうだと思っても、とりあえずやっているうちにおもしろさが出てくるということを知っておく必要があります。算数がきらいだと自分で言っていた小学生でも、わかったときにはすごくうれしそうな顔をします。そういうことが続くと、驚くほどやる気になるのです。教師の説明や課題のレベルが、最初はうまくその子に合っていなかったのでしょう。

外発的動機づけの視点からすると、この学習が何のために、何をめざしてやっているのか、目的・目標が見えにくいときにはやる気が出ないことになります。低学年の場合には、ほめたりシールを貼ったりして動機づけることもしばしば行われますが、学年が上がるにつれて、自分で自分に賞を出すといった自律性が望まれます。定期テスト前1週間は、1日5時間勉強したら、映画に行っていいとか、自分でごほうびを出すのです。外からの賞罰でコントロールされるのではなく、自分で自律的に決めることで一歩成長し、気持ちがいいものです。また、中学校や高校の授業では、知識・技能がどのように役立つのかが実感できるような場面設定や、生活や仕事にどのように生かされるのかを示す手立てが必要になります。生徒自身も、そうした雑誌や本を読むことです。インターネットでもいろいろ情報が得られますから、進路や進学と学習を結びつけて考えてみましょう。

一方、動機づけの認知理論から示唆されるのは、目標を達成するにはどうすればよいかという手段・方法がわかっていることの重要性です。勉強しても成績には結びつかないという経験が多いと、人間は無気力になってしまいます。また、仮に何をすればよいかがわかっていても、それがとても実行しがたいものであれば、あきらめてしまってやる気にはつながりません。そこで大切になってくるのは、単に勉強時間を増やすという量的な努力だけでなく、勉強方法を改善するというような質的な努力です。時間をかけて反復・丸暗記だけをしていても、なかなか記憶や問題解決に結びつかないことがあります。本書では、むしろ、意味理解や問題解決方略を重視するという、認知心理学的な考え方を示してきました。

本書で示してきたことは、あくまでも一つのヒントです。ただ、皆さんの考え方を広げるきっかけになり、何か自分の学習意欲を向上させるための手がかりとしてもらえればよいと思います。

高校生との質疑応答

「あとがき」で述べますが、本書のおおもとは、１９９７年７月に開かれた「岩波 高校生セミナー」でした。そのときに参加した高校生と私との質疑応答は、おそらく皆さんにも理解の助けになるのではないかと思い、その一部をここに掲載します。

◆スキーマを意識的に言語化する

問 「スキーマ」とか「誤概念」という話がおもしろかったです。無意識に思っていることは、誤概念かもしれないわけですから、スキーマを意識的に言語化してみるほうがいいということなのでしょうか。

市川 スキーマというのが何回も出てきましたが、たとえば、イヌがどんなものかという一般化された知識が「イヌのスキーマ」です。人間の顔なら、目が二つあって、耳があって輪郭がこんな形でとか、そういう知識が「顔のスキーマ」になるわけです。スキーマは、ふつうはあまり意識しないで、いわゆる「常識」として頭の中にいっぱいもっているのです。スキーマがあるおかげで人の話がよくわかるということもあるし、逆にスキーマがあるためにかえって本当の話をゆがめて解釈することも起こります。強引にそのスキーマで解釈しようとして、かえってまちがった推論をすることもあります。スキーマ自体が本当のこととずれている場合だってあります。それが誤概念ということになります。

意識的にしなくてはいけないのは、まず、誤概念のようにスキーマ自体に誤りがある場合、何とかそれを直さないと正しい知識にならないという場合で、これは教育場面に多いです。そういうときには教えるほうも教えられるほうも、いったいどんなスキーマがあるのかということをはっきりととらえて、そのどこがおかしいのか、どういうふうに変えていく必要があるのかということを、かなり意識的にやらないといけません。学習や教育は、意図的なスキーマの診断とつくりかえのようなことをやらなければいけないものと私は思っています。

また、第3章で紹介した「放射線問題」「消火問題」「要塞問題」のときのように、ある程度意図的にスキーマをつくりあげないと、なかなか応用がきかない場合があります。日常生活では、生まれてからいろいろな経験を経てきて、たくさんのスキーマが自然にできてくるわけですが、学習場面で短時間に応用がきくような知識を身につけたいと思ったら、ある程度意識的にスキーマをつくることをしないといけない。言語化することについても、心理学者の立場は分かれます。私は、ある程度言語化したほうがうまくいくと思います。

言語化するということは、意識的にするということです。意識的に言語化するほうがうまくいくのではないかと思います。それを外から与えているのが参考書、たとえば『チャート式』（数研出版）というシリーズもそうですが、ある種のスキーマのようなものをパターンとして用意して与えているわけです。ですからそれなりに効果があります。かなり長い間高校生に受け入れられているということは、そういうものを意図的に与えることに、ある程度の効果はあるからです。

しかし、注意点もぜひ考えておいてください。参考書などから与えられたスキーマを利用するということは、高校までの学習ではそれなりに効果があるかもしれません。しかし、そういうスキーマをどうやって自分でつくりあげていくかというようなことが、むしろ学習として大事になるということです。数学の問題にかぎらず、どういう学問をやるにしても、あるいは社会に出ていろいろな仕事での問題解決をするにしても、ある経験からどうやって一般的なスキーマとか、問題解決の教訓とかを取り出してくるか、そういう学習が一人ひとりにとって大事になるのではないでしょうか。

◆経験を一般化して表現する――レポートの大切さ

問　スキーマを速くつくるトレーニング法はありますか。

市川　今のところ、いいトレーニング方法があるわけではありません。むしろ各人の心構えが大切です。漠然としていますが、学習するたびに「自分が学んだのはいったいどういうことだったのか」「それを少し一般的な形でいうとどういうことか」と、いつも考える姿勢をもってほしいです。それから、自分がわかったと思っていることを、外に表現してみることも大切です。たとえば、人に説明してみたり、文章として書いたりするということです。表現すること自体が、スキーマを明確にしようという姿勢になりますし、表現したものを見てもらえば、誤りを指摘してもらえますから、正確なスキーマができることにもなります。

表現といえば、大学に入ると文系でも理系でも、レポートを書く機会がすごく多くなります。最初大学に入ったばかりの学生のレポートは、本の丸写しのようなものが多いです。私の学生時代もそうでしたが、そういうのはあまりよくありません。いろいろな本を調べて、自分で考えて表現しないといけません。自分の生活上の個別の経験も含めてかまいませんが、そういう経験からどういう一般的なことをいうか、カッコよくいえば、その人なりの理論がそのレポートに書かれていると、読むほうもいいと思うはずです。

つまり、それぞれの人の個別の経験をふまえたうえで、少し一般的な考え方として自分の考え方を出すのです。これは大学でも、社会に出てからも大事なことです。この訓練は、すごく大事だろうと思います。そういう学習をふだんから自分ですることが大事です。教科書に出ていることをそのまま写すとか、そのとおり覚えるのが学習だという学習観とはだいぶ違うでしょう。「心構え」みたいな抽象的な言い方をしましたが、こういうことを、ぜひ考えてください。

◆英文解釈が苦手──「作者の言いたいこと」を探る

問　英文解釈が苦手で、単語力も文法力もなく、一つひとつの文を文法的に考えようとしてしまいます。どうしたらいいんでしょうか。

市川　実際、そういう人はすごく多いと思います。私自身のことを考えても、高校に入ったころ、英文解釈はそんな状態だったと思います。もともと、英文解釈とはそんなものだろうと頭で思っていたわけです。要するに、一つひとつの文を文法的に解析していって、こんな意味だろうということを細切れにして考えれば、全体の意味は自ずと出てくるだろうと、何となく思っていたのです。ボトムアップ式の一辺倒でした。

それよりもまず、「この人は全体として何を言いたいんだろう」と考えながら、いつも読んでほしいですね。つまり、その英文の作者が必ずいるわけで、そもそも教科書やテストに出るような文章ですから、その作者は何かおもしろいことをその中で言おうとしているはずです。細かいところにとらわれずに、まず全体として「この人のアイデアはどこにあるのか」を探ろうという姿勢を、いつももってほしいということです。

勉強のしかたとしても、文章を読んだら要約を書くことです。これは日本語、英語にかぎらずすごく大事なことだと言われています。要約するというのは、結局、細部にあまりとらわれないで、全体として何が言いたいのかを理解することを促すわけです。入試の出題でも、

「要約文を書きなさい」というのがときどき出ると思います。それは、ふだんの学習のときからそういう姿勢をぜひもってほしいということです。内容を捉えて、自分の言葉で簡潔にまとめるということを、日本語、英語を問わずにやってください。

成績のいい人のほうが、いわゆるトップダウン的な処理をするという調査結果があります。どんな話になるかと期待したり、推測したり、「ここでこういうことを言っているんだったら、こっちでこんなことを言うのはつじつまが合わないな」とか、そういうようなことを考えたりします。つじつまが合わないと感じたら、自分の解釈のしかたがどこかおかしいということです。少なくとも、そんなに支離滅裂な文章が、教科書やテストに出てくることは、まずありません。自分の読み方のほうに問題があると思って前後関係をよく見て、それで筋が通るかどうかを英文解釈でも、ぜひ考えてみましょう。

◆辞書を引く前に単語の意味を推測してみる

問　英文解釈のときに、単語がわからなくても、全体を見ればいいということですか。

市川　初心者にはむずかしいかもしれませんが、高校二、三年くらいになったら、そういう読み方をぜひやってほしいと思います。わからない単語が出てきたら、すぐに辞書を引くのではなくて、「おそらく前後関係からいうとこんな意味だろうな」と推測してから辞書を引く。そうすると、当たっていればだいぶ力がついたと思っていいでしょう。当たっていなければ、「ああ、残念」と思って、そこで辞書に出ている意味を覚え直せばいいんです。単語帳や市販の単語集で単語を覚えることが悪いと言っているわけではありません。とくに、受験生だったらある程度、そうやって頭に単語を蓄積しておくことは必要かと思います。でも、単語力だけでは解釈するには不十分なんです。多少知らない単語が出てきても、推測して意味をつかむことは、日本語の場合、私たちはだいたいそうしていますよね。人の話の中で少しわからない単語が出てきたりしても、子どもでもスイスイと、だいたいの意味は捉えています。ぜひ英文解釈でもやってみましょう。これは、社会に出てから、英語でものを読んだり、人の話を聞いたりするときにも大事です。

大学受験のときでも、皆さんが試験問題を見て、単語が全部わかるということはそうないと思います。かなり英語の力があるという人でも、知らない単語は絶対に出てくると思ったほうがいいです。そのときにどこで力の差がつくかというと、前後関係からだいたいこんな意味だろうと推測して、当たらずといえども遠からずという解釈ができるかどうかです。知らない単語があるとすぐがっかりしてしまう人がいますね。ずっと読んでいて、「これ、知らない。これも知らない。もうだめだ」と思ったら、それっきりです。ぜひ、意味を推測してから辞書を引くという習慣を、ふだんからつけてください。

◆やる気を出すコツはあるのか——いろいろな動機づけ理論を参考に

問　勉強しようと思っても、なかなかやる気が湧かないことが多いんですが、どうしたらいいでしょうか。やる気を出すコツみたいなものはありますか。

市川　第4章で述べたことに加えて、ヒントのようなことをいくつか言っておきます。賞と罰をともなわせるのは行動主義の学習理論の基本です。しかし、行き過ぎると、賞がもらえなくなったときにはやる気がどっと下がってしまうということがあるから注意が必要だと述べました。

「勉強は本来楽しいものだ」というのが内発的動機づけの考え方ですね。学校の勉強だけだと味けないので、もっと好奇心をかき立てるようなおもしろいものにたくさん触れるとよいでしょう。たとえば社会科であれば、興味をそそるような歴史読物を読むのも有効かもしれません。歴史を学ぶときに、ＮＨＫの大河ドラマを見たり、理科にもおもしろいテレビ番組があります。こういうものを見ていると、学校の社会科や理科がおもしろくなってくることがあります。学校の勉強より少し広がったところで興味を広げられるような本を読んだり、おもしろいものに触れたりして興味をかき立てるのも、また一つの手かと思います。

ただおもしろいだけではなく、それがどのように自分のほかの学習や生活で生かせるかを知ることも重要です。実用志向の学習動機です。知識はもっているだけでなくて、使うことによって楽しさのようなものが出るわけです。そういう状況をいかにつくるかです。たとえば、英語の勉強をテストのためにだけやっていると思うとかなり味けないですが、外国の友だちと文通するとか、インターネットでやりとりするためにと思ったらどうでしょう。これを学校でやっているところもありますし、個人的にだってやろうと思えばできます。

勉強自体はともかくとして、人との関係に引きずられてついつい勉強に引き込まれていくこともよくありますね。つまり、関係志向による学習動機です。たとえば一人で勉強しているとすぐ飽きるけれども、図書館に行って友だちと一緒に勉強しているとけっこう続くとか、先生が好きだからその科目が好きになるとか、他者との関係にうまく引き込まれて勉強していくということがあります。

これも、いつまでも人との関係がないと勉強しないということでは困りますが、きっかけとしては、英語だったらたとえば英語のクラブやサークルもあります。そういうグループやサークルをつくって、その中でやっていくという方法があります。大学にはそういうサークルがいっぱいあります。社会研究とか、物理とか化学のクラブやサークルもあります。そういう中で人と一緒にやっているとかなり長続きするし、楽しくなるものです。

勉強を楽しむコツについては、私も研究者をずっとやっていて感じることがあります。研究者になるということは、一生のあいだ勉強しているということです。本を読んだり、いろいろなものを調べたり、研究したりします。たいへんなときもありますが、楽しいんですよね。なぜ楽しいかというと、学会とか大学があって、まわりには仲間がいて、その人たちと一緒にやっているので楽しいのだろうと思います。たとえば新しいことがわかると、「わかったよ、わかったよ」って人に見せたくなりますよね。向こうもおもしろがってくれると、こっちもまたついついやる気が出て、もっと研究したくなります。大学のゼミであれば、それぞれの学生がいろいろなことを調べて発表したりします。皆がそれを聞いてくれれば、やっぱり楽しいものです。そういう他者との関係をつくりながら学んでいく、これが自分の場合を考えても、勉強とか研究を継続していくコツなのかな、と思います。

いろいろあげましたが、このようなことをヒントに考えてみてください。

あとがき

私が、大学生向けテキストである『学習と教育の心理学』（岩波書店）を出版したのは、１９９５年のことでした。その後、１９９７年７月に、その内容を高校生向けにやさしく解説したり、実験を体験したりする「岩波 高校生セミナー」を開きました。その講義録をもとにしたのが、１９９８年発行の『心理学から学習をみなおす』でした。この本は、やがて重版されなくなってしまいましたが、高校では副読本として読まれていたこともあり、改訂版を望む声がありました。それを受けて、全面的に見直し刊行することにしたのが、この『勉強法の科学――心理学から学習を探る』です。

文体は前書と同様に講義調とし、セミナーでの質疑応答も残しています。内容的には、前書を第１～３章に再構成しました。また、セミナーで「やる気」についての心理学的な考え方を知りたいという要望が多かったため、第４章として学習意欲の話を加えることにしました。ここでは、『学ぶ意欲の心理学』（ＰＨＰ新書）、『学力と学習支援の心理学』（放送大学出版局）にある内容も、よりやさしく書き直しています。

本書は内容的には「理論編」です。高校の数学や英語などの、具体的な教科でどのような勉強法があるのかは『勉強法が変わる本——心理学からのアドバイス』(岩波ジュニア新書)を「実践編」として、ぜひ参考にしてください。皆さんが自分の勉強のしかたを考え、改善をはかるヒントを見つけられることを望みます。

最後になってしまいましたが、本書の編集・刊行にあたっては、岩波書店編集部の吉田宇一さん、猿山直美さんに、多大な労をおかけしました。あらためて感謝の意を表したいと思います。

2013年5月

市川伸一

図・表出典

表 1-1　Miller, G. A. (1956)　The magical number seven, plus or minus two: Some limits on our capacity for processing information. *Psychological Review*, Vol. 63, pp. 81–97.

図 1-4　Carmichael, L., Hogan, H. P., & Walter, A. A. (1932)　An experimental study of the effects of language on the reproduction of visually perceived form. *Journal of Experimental Psychology*, Vol. 15, pp. 73–86.

図 1-5　Bower, G. H., Karlin, M. B., & Dueck, A. (1975)　Comprehension and memory for pictures. *Memory & Cognition*, Vol. 3, pp. 216–220.

図 1-7　Bower, G. H., Clark, M. C., Lesgold, A. M., & Winzenz, D. (1969)　Hierarchical retrieval schemes in recall of categorized word lists. *Journal of Verbal Learning and Verbal Behavior*, Vol. 8, pp. 323–343.

図 1-8　西林克彦(1994)　『間違いだらけの学習論――なぜ勉強が身につかないか』新曜社.

図 2-2　Selfridge, O. G. (1955)　Pattern Recognition and Modern Computers. *Proceedings of the Western Joint Computer Conference*. Institute of Electronics Engineers.

図 2-8　Schank, R. C., & Abelson, R. P. (1977)　*Scripts, Plans, Goals, and Understanding*. Lawrence Erlbaum Associates.

図 3-1, 3-2　鈴木宏昭(1989)　算数・数学の理解．鈴木宏昭・鈴木高士・村山功・杉本卓(著)『教科理解の認知心理学』新曜社.

図 3-4, 3-5　Kaiser, M. K., McCloskey, M., & Proffitt, D. R. (1986)　Development of intuitive theories of motion. *Developmental Psychology*, Vol. 22, pp. 67–71.

図 3-6, 3-7, 3-8　Clement, J. (1982)　Students' preconceptions in introductory mechanics. *American Journal of Physics*, Vol. 50, pp. 66–71.

図 4-1　Deci, E. L., & Flaste, R. (1995)　*Why We Do What We Do: The Dynamics of Personal Autonomy*. New York: Putnum's Sons,　桜井茂男訳(1999)　『人を伸ばす力――内発と自律のすすめ』新曜社.

図 4-4　奈須正裕(2002)　『やる気はどこから来るのか――意欲の心理学理論』北大路書房.

市川伸一

1953年生まれ．1980年東京大学大学院博士課程中退(心理学専攻)．埼玉大学助教授，東京工業大学助教授，東京大学教授を経て，現在，東京大学名誉教授．文学博士．

著書に，『学習と教育の心理学 増補版』『勉強法が変わる本』(岩波書店)，『考えることの科学』(中公新書)，『学ぶ意欲の心理学』(PHP新書)，『学力低下論争』(ちくま新書)，『確率の理解を探る』(共立出版)，『学ぶ意欲とスキルを育てる』(小学館)，『「教えて考えさせる授業」を創る アドバンス編』(図書文化)などがある．

岩波 科学ライブラリー 211

勉強法の科学—心理学から学習を探る

2013年 8月 6日 第1刷発行
2020年12月15日 第13刷発行

著　者　市川伸一《いちかわしんいち》

発行者　岡本 厚

発行所　株式会社 岩波書店
〒101-8002 東京都千代田区一ツ橋2-5-5
電話案内 03-5210-4000
https://www.iwanami.co.jp/

印刷・理想社　カバー・半七印刷　製本・中永製本

ISBN 978-4-00-029611-3　Printed in Japan

●岩波科学ライブラリー〈既刊書〉

277 **ガロアの論文を読んでみた**

金 重明

本体一五〇〇円

決闘の前夜、ガロアが手にしていた第1論文。方程式の背後に群の構造を見出したこの論文は、まさに時代を超越するものだった。簡潔で省略の多いその記述の行間を補いつつ、高校数学をベースにじっくりと読み解く。

278 **嗅覚はどう進化してきたか**
生き物たちの匂い世界

新村芳人

本体一四〇〇円

人間は四〇〇種類の嗅覚受容体で何万種類もの匂いをかぎ分けるが、そのしくみはどうなっているのか。環境に応じて、ある感覚を豊かにし、ある感覚を失うことで、種ごとに独自の感覚世界をもつにいたる進化の道すじ。

279 **科学者の社会的責任**

藤垣裕子

本体一三〇〇円

驚異的に発展し社会に浸透する科学の影響はいまや誰にも正確にはわからない。科学技術に関する意思決定と科学者の社会的責任の新しいあり方を、過去の事例をふまえるとともにＥＵの昨今の取り組みを参考にして考える。

280 **組合せ数学**

ロビン・ウィルソン　訳 川辺治之

本体一六〇〇円

ふだん何気なく行っている「選ぶ、並べる、数える」といった行為の根底にある法則を突き詰めたのが組合せ数学。古代中国やインドに始まり、応用範囲が近年大きく広がったこの分野から、バラエティに富む話題を紹介。

281 **メタボも老化も腸内細菌に訊け！**

小澤祥司

本体一三〇〇円

癌の発症に腸内細菌はどこまで関与しているのか？　関わっているとしたら、どんなメカニズムで？　腸内細菌叢を若々しく保てば、癌の発症を防いだり、老化を遅らせたり、認知症の進行を食い止めたりできるのか？

282 井田喜明

予測の科学はどう変わる?
人工知能と地震・噴火・気象現象

本体一二〇〇円

自然災害の予測に人工知能の応用が模索されている。人工知能による予測は、膨大なデータの学習から得られる経験的な推測で、失敗しても理由は不明、対策はデータを増やすことだけ。どんな可能性と限界があるのか。

283 中村 滋

素数物語
アイディアの饗宴

本体一三〇〇円

すべての数は素数からできている。フェルマー、オイラー、ガウスなど数学史の巨人たちがその秘密の解明にどれだけ情熱を傾けたか。彼らの足跡をたどりながら、素数の発見から「素数定理」の発見までの驚きの発想を語り尽くす。

284 グレアム・プリースト　訳 菅沼 聡、廣瀬 覚

論理学超入門

本体一六〇〇円

とっつきにくい印象のある〈論理学〉の基本を概観しながら、背景にある哲学的な問題をわかりやすく説明する。問題や解答もあり。好評「《1冊でわかる》論理学」にチューリング、ゲーデルに関する二章を加えた改訂第二版。

285 傳田光洋

皮膚はすごい
生き物たちの驚くべき進化

本体一二〇〇円

ポロポロとはがれ落ちる柔な皮膚もあれば、かたや脱皮でしか脱げない頑丈な皮膚。からだを防御するだけでなく、色や形を変化させて気分も表現できる。生き物たちの「包装紙」のトンデモな仕組みと人の進化がついに明らかになる。

286 海部健三

結局、ウナギは食べていいのか問題

本体一二〇〇円

土用の丑の日、店頭はウナギの蒲焼きでにぎやかだ。でも、ウナギって絶滅危惧種だったはず……。結局のところ絶滅するの？　土用の丑に食べてはいけない？　気になるポイントをＱ＆Ａで整理。ウナギと美味しく共存する道を探る。

●岩波科学ライブラリー〈既刊書〉

287 南の島のよくカニ食う旧石器人
藤田祐樹
本体一三〇〇円

謎多き旧石器時代。何万年もの間、人々はいかに暮らしていたのか。えっ、カニですか……⁉ 貝でビーズを作り、旬のカニをたらふく食べる。沖縄の洞窟遺跡から見えてきた、旧石器人の優雅な生活を、見てきたようにいきいきと描く。

288 海洋プラスチック汚染
「プラなし」博士、ごみを語る
中嶋亮太
本体一四〇〇円

大洋の沖から海溝の底にまで溢れかえるペットボトルやポリ袋、生き物に大量に取り込まれる微細プラスチック。海洋汚染は深刻だ。人気サイト「プラなし生活」運営者でもある若手海洋研究者が問題を整理し解決策を提示する。

289 驚異の量子コンピュータ
宇宙最強マシンへの挑戦
藤井啓祐
本体一五〇〇円

量子コンピュータを取り囲む環境は短期間のうちに激変した。そのからくりとは何か。いかなる歴史を経て現在に至り、どんな未来が待ち受けているのか。気鋭の若手研究者として体感している興奮をもって説き明かす。

290 おしゃべりな糖
第三の生命暗号、糖鎖のはなし
笠井献一
本体一二〇〇円

糖といえばエネルギー源。しかし、その連なりである糖鎖は、情報伝達に大活躍する。糖はかしこく、おしゃべりなのだ！ 外交、殺人、甘い罠。謎多き生命の〈黒幕〉、糖鎖の世界をいきいきと伝える、はじめての入門書。

291 フラクタル
ケネス・ファルコナー　訳 服部久美子
本体一五〇〇円

どれだけ拡大しても元の図形と同じ形が現れて、次元は無理数、長さは無限大。そんな図形たちの不思議な性質をわかりやすく解説。自己相似性、フラクタル次元といったキーワードから現実世界との関わりまで紹介する。

定価は表示価格に消費税が加算されます。二〇二〇年一二月現在